DE LA CONOISSANCE DE SOI-MÊME.

SUITE DES ECLAIRCISSEMENS SUR SES TRAITES.

Tome V.

A PARIS,
Chez ANDRE' PRALARD, rue S. Jacques, à l'Occasion.

M. DC. XCVIII.
Avec Privilege & Approbation.

TABLE
DES TITRES
du V. Tome.

V. Eclaircissement sur ce que dans la 1. Section de la 3. partie du 1. traité, je n'ay pas jugé l'étude de la Retorique & de la Poësie convenable aux Solitaires. p. 376

I. Section. Que la Retorique prise selon l'usage ordinaire, est nuisible à la perfection du jugement. p. 380.

Ce que c'est que le jugement. p. 381.

§. 1. Que la Retorique est propre à reserrer & à retrecir l'esprit. p. 389

§. 2. Que la Retorique est propre à afoiblir l'esprit. p. 396.

§. 3. Que la Retorique est propre à faire illusion à l'esprit & à l'aveugler. p. 402.

ã ij

TABLE.

§. 4. *Que la Retorique est propre à enchaîner l'esprit & à lui ôter la liberté.* p. 411.

Section II. *Que la Retorique prise selon l'usage ordinaire, est nuisible au bon goût de l'esprit.* p. 417.

Section III. *Que la Retorique prise selon l'usage ordinaire, est nuisible à la droiture & à la justesse de l'esprit.* p. 425.

Section IV. *Que la Retorique prise selon l'usage ordinaire, est nuisible à la tranquillité & à la pureté du cœur.* p. 431.

Section V. *Des mauvais effets de la Poësie sur l'esprit des jeunes gens.* p. 440.

Conclusion de ce qu'on vient de dire sur l'usage de la Retorique & de la Poësie. p. 449.

VI. *Eclaircissement sur ce que j'ay dit de la Philosophie scholastique dans le premier traité.* p. 456.

De l'étude de la Philosophie scholastique pour les jeunes Solitaires. p. 458.

TABLE.

Section I. *Avis generaux sur cette étude,* p. 458.

Section II. *Analise des parties de la Philosophie scholastique. Jugement de ce qui s'y trouve & de l'usage qu'on en doit faire.* p. 460.

§. 1. *Des regles & des preceptes.* p. 461.

§. 2. *Des principes, ou axiômes.* p. 465.

§. 3. *Des verités.* p. 466.

§. 4. *Des opinions.* p. 468.

§. 5. *Des questions solides, ou utiles.* p. 471.

§. 6. *Des questions frivoles, vainement curieuses, & des minuties,* p. 475.

§. 7. *Des vaines subtilités, & des tours de souplesse dont on use pour éluder les verités incommodes.* p. 476.

§. 8. *des misteres inintelligibles, & des explications entortillées.* p. 480.

§. 9. *Des détails des divers sentimens philosophiques.* p. 482.

TABLE.

§. 10. *Des violentes refutations d'opinions fausses & extravagantes.* p. 486.

§. 11. *De ce qui se trouve de Logique & de Morale, de Metaphisique & de Phisique dans les traités ordinaires de Philosophie.* p. 487.

Section III. *Quelques regles sur la maniere de s'apliquer à l'étude de la Philosophie.* p. 490.

Eclaircissemens sur le 2. traité.

I. *Eclaircissement sur ce que quelques personnes se sont plaintes qu'il y a dans ce traité trop de Metaphisique.* p. 501.

II. *Eclaircissement sur la necessité, ou l'utilité de la conoissance de l'homme selon le phisique, pour sa conoissance selon le moral.* p. 511.

III. *Eclaircissement sur ce que dans le second traité j'ay prouvé l'immortalité de l'ame par sa spiritualité; & sa spiritualité par la pensée.*

TABLE.

Où l'on fera voir qu'on n'a nulle raison solide d'atribuer ni la conoissance, ni l'immortalité à l'ame des bêtes: au lieu qu'on ne peut raisonablement se dispenser de doner l'une & l'autre à l'ame de l'homme. p. 526.

Addition à la lettre precedente, où l'on fait voir que chacun peut se convaincre non seulement qu'il a, en lui-même, un être pensant, une ame toute spirituelle: mais aussi qu'il y en a une toute pareille dans les autres hommes. p. 559.

Section I. *De la conoissance que chacun a de sa propre ame.* p. 561.

Section II. *De la conoissance que chacun a de l'ame des autres hommes.* p. 565.

Fin de la Table.

Fautes à corriger dans le 5. volume.

Page 395. ligne 6. rouche, *lisez* touche. P. 438. lig. 13. ridiculer, *lis.* ridicules. P. 441. lig. 25. redasse, *lis.* repasse. P. 469. lig. 15. qui si, *lis.* que si. P. 544. lig. 12. cele, *lis.* cela.

377 5. éclair-cisse-ment.

DE LA CONOISSANCE DE SOI-MÊME.

SUITE DES ECLAIRCISSEMENS DE SES TRAITÉS.

V. ECLAIRCISSEMENT.

Sur ce que dans la premiere Section de la troisiême partie du 1. Traité, je n'ay pas jugé l'étude de la Retorique & de la Poësie convenable aux Solitaires.

I.

Uelques persones ont encore trouvé à redire que j'aye regardé l'étude de la Retorique & de la Poësie comme *dangereuse aux*

Tome V. Q

Solitaires, & comme capable de leur *corompre l'esprit & le cœur*. J'ay toûjours bien crû qu'on auroit peine à me passer cette Censure. Ces deux Arts ont trop d'admirateurs, pour manquer de defenseurs. Mais je ne puis parler des choses, que sur les idées que j'en ay ; & suivant les idées que j'ay de la Retorique ordinaire & de la Poësie (tout le Parnasse & tous les Coléges dussent-ils se soulever contre moy) je ne puis en former un jugement plus avantageux. Tout ce que je puis faire, pour adoucir le chagrin de ceux qui en sont blessés, est de tâcher d'en rendre raison, en m'expliquant, sur cela, avec quelque étenduë. Je m'y engage d'autant plus volontiers, que cet éclaircissement nous donnera lieu d'avancer toûjours de plus en plus dans la sience du cœur ; & de faire, dans celuy-cy, de nouvelles découvertes.

Et 1. Je prie

Et 1. Je prie qu'on se souvienne que les Solitaires à qui j'ay jugé ces études peu convenables sont particulierement les jeunes gens qui n'ont encore nul acquis dans les siences : car je traitois, en ce lieu, de leur éducation dans les lettres.

éclaircissemens

2. J'avertis encore que par la Rhetorique dont j'ay pretendu parler, en cet endroit, j'entens l'art ordinaire de persuader à force d'ornemens, de figures & de mouvemens. L'art de convaincre à force de passionner : l'art d'aler à l'esprit par le cœur, & d'aler au cœur par l'imagination. L'art de persuader, sans raison : ou du moins de prouver par des raisons amenées de si loin, qu'elles ne peuvent se soûtenir, que par des mouvemens étrangers, ou convulsifs. L'art de convaincre à force d'ébranler l'imagination & d'agiter le cœur. En un mot, l'art de n'être point naturel & de

substituer l'artifice à la nature.

3. Delà l'on voit bien (& je prie qu'on ne l'oublie pas dans la suite) que je n'en veux nullement à la bonne éloquence, qui plus occupée du soin d'éclairer, que de celuy d'étourdir ; plus apliquée à persuader, qu'à convaincre, ne va au cœur, que par l'esprit ; & ne songe à remuer celui-là, qu'aprés avoir répandu la lumiere sur celui-cy : qu'aprés y avoir fait entrer la verité toute pure ; & qu'aprés l'y avoir amenée beaucoup plus par la force des raisons, que par les figures & les mouvemens. Loin de desaprouver cette éloquence ; je voudrois qu'on n'en mît point d'autre en usage.

4. Ce n'est donc que la premiere que je croy dangereuse aux jeunes Solitaires : parce que je la juge nuisible à la perfection de l'esprit & du cœur. Je ne doute pas que cette proposition ne pa-

roisse un vrai paradoxe à tous ceux qui ne conoissant point l'homme, ne distinguent nullement entre penser & penser: à tous ceux qui n'ayant nul discernement des diverses facultés dont ils font usage en pensant, n'ont aussi nulle conoissance du commerce d'illusion qui se trouve entre-elles: mais j'auray suffisamment justifié cette proposition; si je puis faire voir que cet art pris selon l'idée que je viens d'en doner & selon l'usage ordinaire, est nuisible, 1. A la perfection du jugement. 2. Au bon goût de l'esprit. 3. A sa justesse. 4. A la tranquillité & à la dureté du cœur. Faisons quelques reflexions sur ces 4. chefs.

5.º éclaircissement.

Section I.
Que la Retorique prise selon l'usage ordinaire, est nuisible à la perfection du jugement.

I.

LE jugement est assurement une des plus estimables qualités de l'ame. C'est, du moins, celle dont on se fait d'ordinaire plus d'honeur, & pour la conservation de laquelle on est plus disposé à sacrifier toutes les autres. Mais je ne say si ceux qui l'estiment le plus, s'en forment une plus juste idée. Ce n'est nullement une perfection aussi simple & aussi indivisible, qu'on se l'imagine communement. Elle enferme plusieurs dispositions d'esprit, qui se trouvent fort inégalement répanduës dans tous les hommes. Chacune de ces dispositions est encore fusceptible de plus ou moins de degrés; & par là elle est encore sujette à une grande inégalité, en divers sujets : & il est rare que tout cela soit bien demêlé dans l'esprit de ceux qui parlent le plus du jugement & qui l'estiment davantage. Voicy l'idée que je pretens atacher à ce terme.

éclair-
cisse-
mens.

Ce que c'est que le jugement.

II.

En general j'apelle jugement *le pouvoir qu'à l'esprit de prendre toujours les meilleurs partis dans ses déterminations.*

Mais comme cela est trop general; & que le jugement s'exerce partie dans la recherche des siences speculatives ; & partie dans l'usage des siences pratiques, pour donner une plus juste idée du jugement, il faut le definir sous ces deux raports.

Et ainsi par raport aux siences

éclair-cisse-ment.

naturelles speculatives, j'appelle jugement *le pouvoir de ne se rendre qu'à l'évidence, & de decouvrir, dans les sujets que l'on examine, tout ce qui peut la faire naître.*

Et par raport aux siences pratiques, où souvent il ne se trouve point d'évidence, j'appelle jugement *le pouvoir de ne se laisser determiner que par la prudence, & de decouvrir, dans les occasions tout ce qu'elle prescrit.*

De quelque clarté que soient ces definitions; il est bon de leur doner encore quelque éclaircissement.

III.

Pour être homme de jugement dans les siences speculatives, ce n'est pas assez de ne tomber jamais dans l'erreur, ni dans l'illusion: ce n'est pas assez de ne faire jamais nul faux jugement. C'est bien quelque chose. Il faut, pour cela, beaucoup de suspension &

par conséquent beaucoup de liberté d'esprit. Mais aprés tout, cela consiste bien moins à juger, qu'à s'empêcher de juger: car tant qu'on ne juge de rien: on évite toujours l'erreur; & ainsi cela seul ne merite pas absolument la qualité d'homme de jugement. Il faut de plus se mettre en état de se faire souvent fraper par l'évidence. Il faut pouvoir decouvrir tout ce qui peut la faire naître dans les sujets que l'on examine. Sans cela, l'on vit en d'épaisses tenêbres, & si l'on ne tombe pas absolument dans l'erreur : on croupit dans une extrême ignorance.

5. éclaircissement.

Or pour être en état de se faire souvent toucher par l'évidence; il faut ou s'être acquis un grand nombre d'idées claires & distinctes sur divers sujets: ou du moins avoir assez de force d'esprit, pour soûtenir le travail de l'atention qui fait naître ces idées. Il faut enfin avoir assez d'étenduë d'esprit, pour pouvoir embrasser, tout d'une vûë, & les diverses idées qui ont raport au sujet que l'on examine ; & les raports de ces idées, qui sont propres à faire naître l'évidence.

IV.

Il en est à proportion de même des siences pratiques. Ce n'est pas assez, pour y meriter des lettres d'hommes de jugement, de ne choquer jamais les regles de la prudence. Ce n'est pas assez de ne dire, ni de ne faire nulle sotise, nulle impertinence. En un mot ce n'est pas assez de ne commettre nulle imprudence. C'est bien quelque chose. Il faut, pour cela, beaucoup de retenuë & de liberté d'esprit : mais enfin cela ne fait pas encore la perfection du jugement. Il faut de plus, pouvoir découvrir tout ce que la prudence exige de nous dans les occasions d'agir. Sans cela, on manque

que souvent à ce que l'on doit; & si l'on ne fait pas des fautes de commission: on en fait plusieurs d'omission.

§. *éclaircissement*.

Mais pour avoir ce discernement, il est necessaire ou de s'être acquis une grande conoissance des regles de la prudence: ou d'avoir assez de force d'esprit, pour consulter atentivement dans les occasions, l'ordre immuable dans lequel ces regles sont comprises. Et pardessus tout cela, il faut beaucoup de prevoyance; ou (pour user d'un terme plus expressif) beaucoup de *clairvoyance*, pour ne laisser échaper nulle occasion d'apliquer ces regles.

V.

Et ainsi pour meriter la qualité d'homme de jugement, il faut avoir, du moins en quelque dégré, ces quatre dispositions d'esprit qui en forment la perfection.

1. Force d'esprit pour soûtenir le travail de l'atention si necess-

faire afin de s'éclairer.

2. Etenduë d'esprit, pour embrasser d'une simple vûe, plusieurs idées & les raports de ces idées.

3. Liberté d'esprit, pour suspendre son consentement jusqu'à ce que la lumiere l'arache invinciblement, dans les siences spéculatives : ou que la prudence le demande dans les siences pratiques.

4. Prevoyance, ou clairvoyance, pour ne laisser rien échaper ni de ce qui peut faire naître l'évidence dans la speculation ; ni de ce que la prudence exige dans la pratique.

VI.

Suivant cette idée de la perfection du jugement, il est aifé de s'apercevoir, 1. que le jugement n'est pas quelque chose d'aussi commun, qu'on se l'imagine d'ordinaire. 2. Que loin que cette perfection soit indivisible & uniforme dans tous les hommes ; rien ne s'y trouve avec plus d'inégalité & de variété; n'y ayant peut-être pas deux hommes d'une égale force d'esprit, d'une égale étenduë, d'une égale liberté, & d'une égale clairvoyance. 3. Que cette perfection est fort diferente de ce qu'on apelle *esprit*, & fort élevée même audessus de ce qui s'apelle *bel esprit*. Car avoir la teste pleine de faits divertissants, & de jolis contes : les debiter avec facilité dans la conversation : y briller par mille pointes & mille jeux de mots : y décider de tout, d'un ton de suffisance : faire des reparties vives & ingenieuses : railler finement, doner un tour plaisant à tout ce qu'on dit : ne se servir que d'expressions pures, nobles, neuves & bien choisies : n'user que de figures delicates, flateuses & passionnantes : tourner en ridicule les choses les plus serieuses : enfin parler de tout d'un air libre, & degagé, ne fut-ce qu'en effleurant les matieres; c'est commune-

5. éclaircissement.

ment ce qui s'apelle de *l'esprit* & du *bel esprit*: mais il ne faut pas estre fort éclairé pour s'apercevoir que tout cela ne passe guere la sphere de l'imagination, & n'est, le plus souvent, qu'une suite fort naturelle & même fort necessaire du debandement involontaire des ressorts de cette faculté; & j'avouë que sur tous ces mouvemens, je suis fort du sentiment d'un grand homme, qui n'en faisoit pas plus de cas, que des tours de souplesse des danseurs de cordes & des boufonneries des bateleurs. *Hæc certe omnia & his similia nos non magis facimus, quam funambulorum & mimorum agilitates & ludicra. Etenim eædem ferme res sunt: cum hæc corporis: illa animi viribus abutantur; & admirationis forsan aliquid habent: dignitatis parum.*

VII.

Sur cette même idée du jugement, il ne sera pas difficile de montrer que la Retorique est nuisible à sa perfection. Il ne faut, pour cela, que faire voir qu'elle est propre, 1. à reserrer l'esprit. 2. à l'affoiblir. 3. à l'aveugler, & 4. à l'enchaîner : car rien n'est plus oposé aux quatre dispositions d'esprit dont nous avons vû que le jugement depend. Commençons donc.

Éclaircissement.

§. I.

Que la Retorique est propre à reserrer & à retressir l'esprit.

I.

Comme la capacité de l'esprit fait son étenduë, & que cette capacité est tres-bornée; il est visible que tout ce qui va à la remplir, est propre à retressir l'esprit & à reserrer son étenduë. Or il est vrai, d'une part, que rien ne partage & ne remplit tant la capacité de l'esprit, que *ce qui échaufe l'imagination, & qui forme dans*

R iij

le cerveau, de profondes traces des moindres objets; & il est certain de l'autre, que la Retorique n'est gueres que l'art d'échaufer l'imagination & de graver dans le cerveau, de ces traces profondes.

II.

Pour voir combien ce qui échaufe l'imagination, partage & remplit la capacité de l'esprit; il ne faut que prendre garde que la chaleur de l'imagination consiste dans un mouvement turbulent, irregulier & souvent involontaire des esprits animaux: car ces esprits étant comme le burin qui forme, ou qui reveille dans le cerveau, les traces des objets; il est visible que par la multitude & la confusion des traces qu'ils excitent, dans cette agitation, la capacité de l'esprit doit estre si partagée, si ocupée, si remplie de diverses images; que loin de pouvoir embrasser d'une simple vûë, plusieurs idées & les raports de ces idées (ce qui fait l'étenduë de l'esprit) il ne pense, la plûpart du tems, à rien moins, qu'à ce qu'il devroit & qu'à ce qu'il voudroit méme penser.

Eclaircissement.

III.

Les traces profondes du cerveau ne partagent & ne remplissent pas moins la capacité de l'esprit. Car outre qu'elles sont toujours acompagnées de sensations touchantes & aplicantes; elles presentent des images si vives & si excessives des moindres objets; que souvent on croit voir ce qui n'est point: ou du moins on le voit tout autrement qu'il n'est; & l'esprit en demeure si rempli, qu'il ne peut s'apliquer à autre chose; & que pour ces phantômes d'imagination, il abandone les plus pures idées & les plus sublimes veritès.

IV.

En effet il faut bien remarquer que l'esprit ne s'aplique pas également à tout ce qu'il aperçoit: ce qui le touche & le penetre l'aplique infiniment plus que ce qui ne le touche pas, quelque present qu'il soit. Il s'ocupe bien davantage de ses sensations & de ses modifications; comme de son plaisir, ou de sa douleur; que des idées abstraites & purement intelligibles. Ses sensations n'étant que l'esprit même de telle, ou telle maniere; il est impossible qu'il ne les aperçoive: puis qu'elles sont essentiellement perceptions. Au lieu que les idées pures n'étant point des manieres d'être de l'esprit: mais quelque chose de tres-diferent de lui; elles peuvent lui être tres-presentes, sans qu'il les aperçoive; sur tout s'il est trop occupé de ses sensations & de ses imaginations; & c'est en ce sens que saint Augustin explique cette parole: *lux in tenebris lucet; & tenebræ eam non comprehenderunt.*

V.

Enfin de tous ceux qui ont fait quelque usage de leur esprit; il s'en trouvera peu qui ne sachent par experience, que les sensations un peu fortes & les images un peu vives partagent tellement la capacité de l'esprit; qu'elles ne lui laissent pas assez d'étenduë, pour embrasser toutes les idées & les raports d'où dépend le jugement d'un sujet.

VI.

Il n'en faut pas davantage pour faire toucher au doigt le reserrement & le retrécissement que la Retorique peut causer à l'esprit: car il est certain qu'un de ses principaux soins, est d'échaufer l'imagination & de produire dans le cerveau de profondes traces des moindres objets. Elle exagere tout: elle enfle tout; elle outre tout: ou du moins elle déguise tout. Chez elle rien de naturel, rien de moderé, rien de medio-

5. éclaircissement.

cre. La verité n'y paroît presque jamais que masquée, que deguisée, que flatée, que fardée & defigurée: en un mot, que sous des habits empruntés, & jamais toute nuë.

VII.

Qui pouroit décrire les ravages que tout ce manége fait dans l'imagination des jeunes gens? comme ils ont la substance du cerveau tendre & delicate; ils ne peuvent éviter de recevoir de tres-profondes traces de ces figures & de ces mouvemens de Retorique. Aussi les voit-on souvent, pendant qu'on prononce ces pièces d'éloquence, si opiniatrément apliqués, si stupidement atachés & transportés, qu'il est aisé de s'apercevoir que leur atachement & leur transport est bien moins un effet de la raison & de la lumiere, qu'une suite necessaire du debandement mécanique des ressorts de l'imagination. En voulez-vous

une bonne preuve? obfervez-les *éclaircifement*
au fortir de ces difcours. Vous les
trouverez veritablement touchés
& convaincus : mais fans favoir
de quoi. Cette touche dure tandis que la realité : ou du moins
la vive image des ébranlemens du
cerveau dure encore. Viennentelles à fe paffer? adieu toute touche & toute conviction.

VIII.

Mais quels peuvent être les jugemens que l'on forme en cet état
de touche & d'agitation? eft-on
alors bien difpofé à parcourir
promtement les idées de plufieurs
chofes; & à reconnoître, comme
d'une fimple vûë, les raports de
ces idées d'où depend la refolution d'une queftion un peu compofée? ne doit-on pas s'atendre
que les jugemens que l'on fera alors fuivront la nature des impreffions fenfibles que l'on a reçûës;
& que s'il faut, par exemple, juger du difcours du declamateur;

R vj

on le trouvera admirable, si l'acteur a eu le bonheur de plaire: ou pitoyable; si ses manieres ont deplû, quelques belles choses qu'il ait dites.

§. 2.
Que la Retorique est propre à afoiblir l'esprit.

I.

Comme l'atention aux idées purement intelligibles est seche, insipide & d'un grand travail: que la force d'esprit dont il est ici question, consiste à soûtenir ce travail, & qu'elle s'acquiert même par ce travail; pour faire voir en deux mots, combien la Retorique est capable d'afoiblir l'esprit des jeunes gens; il ne faut que montrer d'une part, que rien n'est plus propre à faire perdre toute atention aux idées purement intelligibles, que les idées confuses des sens, & faire voir de l'autre, que la Retorique n'est presque que l'art d'exciter ces idées sensibles.

éclaircissement.

II.

Pour le premier, il est certain (& chacun peut s'en convaincre par ce sentiment intime que nous avons de ce qui se passe en nous) qu'il y a cette grande diference des idées purement intelligibles aux idées sensibles ; que les dernieres nous apliquent incomparablement plus que les premieres. De quelque beauté que soit la verité ; de quelque agrément que soit sa contemplation & sa decouverte ; on la perd de vûë, dés que les sens nous parlent : ou qu'on nous parle par les sens : parce que les impressions sensibles étant des modifications de nous mêmes ; & faisant parties de nous mêmes ; interessent nôtre atention incomparablement plus que la verité que nous regardons comme hors de nous ; & comme quelque chose d'étranger à nôtre être. Aussi

5.
éclair-
cisse-
ment.

voyons-nous que de quelque importance que soit une verité; quelque interêt que l'on ait à l'examiner, à la méditer, à se l'apliquer; il ne faut souvent qu'une assez foible sensation; qu'un rayon de soleil, qu'un tres-petit bruit pour nous faire lâcher prise, & abandoner nôtre objet. Mais si cela est ainsi des sensations les plus foibles; cela l'est beaucoup plus des sensations vives, fortes & vivement agreables, ou desagreables. L'experience fait voir qu'il faut & beaucoup de force d'esprit, & bien de l'usage & de l'acquis dans l'exercice de la meditation, pour y resister.

III.

Or il est certain que la Retorique, dans son usage ordinaire, n'est que l'art d'exciter, dans les esprits, des idées sensibles, & d'y produire diverses sensations touchantes, & par consequent apliquantes. On ne vous persuade qu'en vous touchant ; & l'on ne vous touche que par des idées sensibles. On ne vous parle des choses, que selon le raport sensible qu'elles ont avec vous ; ou du moins que selon la maniere sensible dont vous les concevez, & suivant les prejugés des sens. On a un soin infini de flater ceux-cy : mais surtout les yeux & les oreilles : parce que c'est par ces endroits, qu'on va plus promtement & plus seurement au cœur. On ne s'y explique que par poids & par mesure, que figurement & metaphoriquement. En un mot tout y est tellement fait pour l'enchantement des sens, & pour le charme de l'imagination ; qu'il semble qu'on n'ait affaire qu'à de pures machines.

5. éclaircissement.

IV.

Aussi quelques belles & grandes que soient les verités que l'on debite ; le commun des auditeurs est infiniment plus frapé & plus ocupé de ces mesures, de ces figures & de ces metaphores. Les gens à imagination, qui font toûjours les deux tiers d'un auditoire, ne voyent dans tout ce qu'on leur dit, que cette parure exterieure, que ces pompeux & fastueux dehors, & ils ne jugent du fond, que par cette vaine écorce.

V.

Cela arive sur tout aux jeunes gens & à ceux qui n'ont nulle habitude de renoncer aux impressions sensibles, & qui ne se font pas fait, avec saint Augustin, un saint exercice de resister aux playes que l'on reçoit par les sens. * Une pointe, une entithese, un batement de mains, une exclamation, un coup de tête, une contortion est souvent, pour eux, une preuve invincible.

éclaircissement.

* Resistere plagis per sensus inflictis quæ nobis est sacratissima disciplina.

VI.

Que ces fameux juges de l'Areopage comprenoient bien les effets de cette foiblesse ! qu'ils étoient bien persuadés du danger de cette fastueuse éloquence, & de l'afoiblissement qui en revient à l'esprit; lors qu'ils defendoient si severement à leurs Avocats d'user de ces paroles & de ces figures trompeuses; & qu'ils ne les écoutoient que dans les tenebres; de peur que les agremens de leur air & de leur declamation, n'afoiblît leur atention au fond des choses & aux vrayes raisons; & ne corompît ainsi leur jugement. Rien assurement n'étoit ni plus à propos, ni plus judicieux que cette conduite; c'étoit bien connoître les funestes impressions que les manieres sensibles font sur l'esprit humain.

3.
éclair-
cisse-
ment.

§. 3.
Que la Retorique est propre à faire illusion à l'esprit, & à l'aveugler.

I.

RIen n'est plus propre à jetter dans l'illusion, que les idées sensibles, ni rien plus capable d'aveugler que les passions.

Les idées sensibles ne nous font conoître les choses, que selon les raports qu'elles ont avec nous, & nullement selon les raports qu'elles ont entre elles, ni selon ce qu'elles sont en elles-mêmes. Il n'y a cependant que la connoissance de ces derniers raports, qui soit propre à éclairer l'esprit, & à lui faire éviter l'illusion : les idées sensibles n'ont rien que de confus & de tenebreux : elles remplissent l'imagination de phantômes & d'illusions : elles nous font prendre ces phantômes & de pures chimeres pour des realités. Elles nous font confondre la nature des êtres: atribuer aux corps les modifications des esprits, & aux esprits les qualités des corps.

5. éclaircissement.

I I.

Mais si les simples idées sensibles ont de si mauvais effets sur l'esprit ? quel mal les passions n'y font-elles pas ? qu'elles tenebres n'y repandent-elles pas ? elles ne le seduisent pas simplement : on peut asurer qu'elles l'aveuglent tout à fait: Eh! que ne font-elles pas pour cela? souvenons-nous de ce que nous en avons dit dans la 4. partie du dernier traité. 1. Elles ne lui laissent voir leurs objets, que par leurs beaux endroits. 2. Si le legitime ne s'y trouve pas: elles y répandent d'agreables & de seduisantes couleurs. 3. Elles portent à atribuer à leurs objets les sentimens dont on est frapé à leur presence. 4. Elles font croire que les mêmes objets doivent

9.
éclair-
cisse-
ment.

exciter les mêmes passions dans tous les esprits. 5. Elles ne plaisent qu'autant qu'elles mênent à leur objet. 6. Elles representent comme possibles les objets les plus impossibles. 7. Elles font valoir le jugement des sens insignes imposteurs. 8. Elles ne representent les objets, que du côté qui les favorise. 9. Elles reveillent les idées accessoires qui servent à les entretenir. 10. Elles couvrent leur déreglement d'aparences specieuses. 11. Elles répandent un sentiment de douceur, qui ne sert qu'à corompre leur juge.

Quel jugement l'esprit peut-il donc porter en cet état, que celui de la passion même? Aveugle pour tout le reste, il ne voit que l'objet de sa passion : ou du moins il ne voit rien qu'au travers de sa passion. Les plus claires verités disparoissent pour lui, en cet état ; & il n'est que trop ordinaire de voir des gens, je dis même gens éclairés à qui une mediocre passion, une simple menace fait tourner la teste; & qu'une crainte purement mondaine fait chanceler sur les premieres verités de la religion: verités qu'ils avoient cruës, jusques-là, incontestables.

5. éclaircissement.

Enfin nos passions nous sont d'autant plus funestes, qu'elles ne nous trompent pas simplement à l'égard de la verité, comme font nos sens; mais qu'elles nous seduisent même à l'égard du bien; nous faisant prendre pour des biens réels, pour nôtre vrai bien, les plus faux, les plus frivoles, les plus trompeurs de tous les biens.

III.

S'il est donc vrai que la principale ocupation de la Retorique soit d'exciter des idées sensibles & de remuer les passions; il sera vrai aussi qu'elle est tres-propre à faire illusion à l'esprit & à l'aveugler. Nous avons sufisamment fait voir le premier dans le precedent

5.
éclair-
cisse-
ment.

paragraphe. Montrons presentement qu'un des principaux soins de la Retorique est d'exciter & de remuer les passions.

IV.

C'est si bien là son dessein capital; qu'il se peut dire qu'elle n'est que l'art de remuer, & de passionner le harangueur & les harangués. On veut persuader. C'est le but de l'éloquence. Et quoi qu'on sache bien que la persuasion n'apartient qu'à l'esprit; & que l'esprit ne doit se rendre qu'à la lumiere, à la verité, à la raison : c'est au cœur à qui l'on s'adresse. Au lieu d'aler directement à l'esprit; & de passer par l'esprit pour pavenir au cœur : on passe par le cœur pour aler à l'esprit : parce qu'on sait que le cœur gagné on viendra bientôt à bout de l'esprit; & qu'il sera aisé de l'aveugler & de l'abatre. On profite d'une foiblesse commune à tous les hommes; & l'art de l'éloquence n'est gueres fondé que sur ce foible. On sait que l'homme aime mieux sentir, que reflechir: s'agiter que mediter: parce que les sentimens & les mouvemens des passions sont toujours acompagnés de quelque douceur: au lieu que les reflexions & la meditation n'ont rien que de sec & d'insipide. On sait encore que tous les hommes en vertu d'une certaine disposition de cerveau qui leur est naturelle, se trouvent portés à imiter ceux qui ont des airs dominans; à entrer dans leurs passions, & à former les mêmes jugemens des objets sensibles. On sait, surtout, que rien n'est plus contagieux que ces passions: qu'elles se communiquent & se gagnent beaucoup plus immancablement que les maladies, & qu'un homme passionné passionne les autres presque aussi facilement qu'un grand vent agite les feuilles des arbres.

5. éclaircissement.

5.
éclair-
cisse-
ment.

V.

Sur ces connoissances, que ne fait pas un Orateur pour prendre les hommes par leur foible, pour les agiter, les passionner & les mener, par les passions, au but qu'il souhaite ? Il n'épargne ni figures, ni metaphores ; ni fictions, ni tons de voix ; ni gestes, ni contorsions. Il crie, il frape ; il s'échaufe, il tempête ; il languit, il se pâme, il s'aigrit, il s'irite ; il s'abaisse, il s'éleve ; & semblable au cameleon qui ne prend diverses couleurs, que par la varieté de ses mouvemens, l'orateur ne fait ainsi divers personages dans une même action, que par la diversité des airs & des mouvemens qu'il s'y donne : & il ne se donne les uns & les autres, que pour faire de pareilles impressions sur l'esprit & le cœur des auditeurs.

VI.

Mais ceux sur qui ces declamateurs réussissent le mieux, & s'ims'impriment plus facilement, sont les jeunes gens. Leur cerveau encore tendre reçoit naturellement le contrecoup de tous ces efforts. Et les impressions en étant tres-profondes; il s'excite en eux des passions autant, ou même plus violentes, que celles qui les ont fait naître: celles du declamateur n'étant le plus souvent que feintes & afectées.

5. éclaircissement.

C'est ainsi que les imaginations fortes dominent sur les foibles; & que ceux même qui ne l'ont ni forte ni contagieuse, transportent leurs auditeurs: pourvû qu'ils sachent mettre en œuvre les expressions vives, excessives & touchantes; & qu'ils les soûtiennent par le ton, l'air & les gestes: car il est peu d'esprits capables de resister à l'impression sensible qui les étourdit, les éblouit & les aveugle.

VII.

Aussi voit-on la plûpart des au-

5. éclaircissement.

diteurs sortir de ces declamations tout penetrés des passions qui y ont le plus dominé. Tantôt tristes, pâles, abatus & le cœur serré. Tantôt guais, contens, vifs, le cœur au large. Quelquefois timides & tremblans : puis hardis, audacieux, entreprenans, pleins de confiance : tout cela plus, ou moins suivant les mouvemens dont ils se sont trouvés le plus frapés. Excellente situation d'esprit & de cœur pour juger tranquillement & sainement des choses ! quelle peut estre la justesse, ou l'équité des jugemens qu'on porte en cet état ? prevenu, agité, aveuglé par les passions, sollicité par leur douceur & par leur charme secret, de juger en leur faveur ; peut-on s'en defendre ? & y a-t-il rien de plus propre à jetter dans l'illusion ?

§. 4.
Que la Retorique est propre à enchaîner l'esprit & à lui ôter la liberté.

5.
éclaircissement.

Puisque la liberté d'esprit dont nous parlons ici, consiste (comme on l'a remarqué dés le commencement de cette Section) dans le pouvoir de suspendre son consentement, jusqu'à ce que la lumiere l'emporte invinciblement dans les siences speculatives; ou que la prudence le demande dans les siences pratiques; que peut-on imaginer de plus opposé à cette liberté, que ce qui tire à contre-tems l'esprit de cet état de suspension, & que ce qui le détermine d'une maniere aveugle & stupide ? c'est neanmoins ce que fait encore la Retorique par son soin ordinaire d'exciter des idées sensibles & de remuer les passions.

II.

5. éclaircissement.

Ni ces idées, ni ces passions ne se trouvent point sans plaisir, ni sans douceur; ainsi que nous l'avons déja remarqué. C'est même ce qui donne pour les passions, quelles qu'elles soient, tant d'atache qu'on ne veut point s'en defaire. C'est ce qui fait que tous les discours passionnés, quelque desagreable que soit le sujet dont ils traitent, nous plaisent & nous atachent; & c'est ce qui fait enfin que les predicateurs paretiques sont suivis même par les libertins & par ceux qui n'ont nul dessein de se convertir: que dis-je? par ceux mêmes qui n'entendent point la langue dans laquelle ils prêchent. La seule langue de leur action, de leur ton, & de leurs mouvemens sufit pour s'atirer tous ceux qui veulent à quelque prix que ce soit, avoir le plaisir de se faire agiter. Il n'y a pas longtems qu'on en vit dans Paris un rare exemple. Or le plaisir, sur tout s'il est sensible, détermine avec force nôtre volonté. Il la transporte, pour ainsi dire, vers l'objet qui semble le causer. Il produit en nous un amour naturel & necessaire : mais amour aveugle, amour d'instinct & d'emportement; amour contre lequel il est si dificile que l'esprit puisse tenir & demeurer dans sa suspension; amour enfin dont il est si malaisé que le cœur se puisse defendre de suivre le penchant par son amour de choix.

5. éclaircissement.

III.

Aussi persone n'est-il moins libre qu'un esprit passioné. Le moindre raport avec l'objet de sa passion est capable d'exciter celle-cy; & cette passion ainsi excitée ne laisse pas la liberté de deliberer. On prend brusquement son parti, sans se doner le loisir de suspendre; disons même sans en avoir le pouvoir. Car pour avoir actuellement ce pouvoir à la presence d'un objet dont on est remué ; il faut avoir du moins quelque presence d'esprit, quelque atention, quelque vigilance : il faut pouvoir entrer en quelque defiance de la verité, ou de la bonté de cet objet. Mais un homme passioné n'a rien de tout cela. Les passions l'aveuglent, le transportent hors de lui-même & l'enfoncent, pour ainsi dire, si fort dans leurs objets ; qu'elles ne lui laissent de defiance ni de crainte, que pour ce qui pouroit les lui enlever.

IV.

Un homme passioné ressemble à un homme assoupi. La raison est obscurcie, affoiblie & enchaînée, par les passions, dans celui-là, comme elle l'est par l'assoupissement dans celui-cy ; & comme l'enchaînement & l'affoiblissement de la raison, dans un homme assoupi, lui laisse une telle senfibilité, que les moindres objets & les plus foibles impreſſions le reveillent en ſurſaut, l'effrayent & lui font prendre bruſquement ſon parti ; auſſi les plus petits biens & les moindres maux ; les plus foibles & les plus trompeuſes aparences font preſque toujours invincibles à l'égard d'un homme dont les paſſions ont affoibli & lié la raiſon. Les plus petits plaiſirs le déterminent invinciblement.

5. éclairciſſement.

V.

Qu'on juge donc de là combien eſt funeſte à la liberté d'eſprit, un art qu'on peut juſtement apeler le grand manége des paſſions ; & combien enfin cet art eſt contraire à la perfection du jugement.

On a beau dire que le but de la Retorique n'eſt que de perſuader ; il eſt certain que dans ſon uſage ordinaire elle ne tend guêres qu'à étourdir & aveugler : ou tout au plus qu'à convaincre en étourdiſ-

5. éclair- cisse- ment.

sant & en aveuglant. Ce n'est pas à force de lumiere, mais à force d'agitations & de mouvemens, qu'elle extorque le consentement. D'un cœur ainsi agité il s'éleve des vapeurs, il se forme des nuages qui portés jusqu'à la suprême region de l'esprit, y répandent d'épaisses tenebres, à la faveur desquelles le consentement échape. En un mot, la Retorique vulgaire n'est nullement l'art de persuader par raison : mais l'art de déterminer, d'enchaîner & de convaincre machinalement. Ce n'est pas qu'on n'employe des raisons : mais on les envelope de tant de mouvemens ; que l'ame ainsi étourdie & agitée ne balance plus ces raisons : mais elle suit aveuglement la détermination du mouvement qu'on lui donne : & elle le suit beaucoup plus parce qu'elle est touchée ; que parce qu'elle est éclairée.

Section II.
Que la Retorique prise selon l'usage ordinaire, est nuisible au bon goût de l'esprit.

5. éclaircissement.

I.

IL en est, à peu prés, du goût de l'esprit, comme du goût qui dépend des organes corporels. Le déguisement, l'assaisonnement outré, &, pour ainsi dire, la falsification des viandes, ne les corrompt pas simplement elles-mêmes: elle gâte encore le goût de ceux qui en usent, & le rend quelquefois si depravé, qu'on trouve insipides les meilleurs alimens, lorsqu'ils sont dans leur état naturel: que leur simplicité devient insuportable; & que comme si Dieu avoit manqué à atacher à leur usage les goûts & les sentimens convenables; on l'oblige, par le rafinement d'une insultan-

5. éclaircissement.

te delicatesse, à nous en doner de plus piquants & de plus exquis, à force d'alterer & de falsifier ces alimens.

II.

C'est justement ce qui arive au goût de l'esprit. Dieu n'a fait celui-cy que pour goûter la verité toute pure. C'est son vrai aliment. Il a ataché à son usage des saveurs tres-exquises & tres-salutaires. *Mire sapit veritas.* La verité est d'un sel merveilleux, dit saint Augustin. Tant-qu'on la prend dans sa simplicité & dans sa pureté ; le goût de l'esprit demeure sain : mais dés qu'on vient à l'alterer, à la déguiser, à la falsifier, à lui chercher de vains ornemens : on ne la defigure pas simplement elle-même : on se gâte encore le goût ; & l'on se le rend quelquefois si depravé, qu'on trouve insipides les plus charmantes, les plus consolantes veritès, dés qu'on les expose toutes nuës, & qu'on les laisse voir dans leur simplicité, dans leur état purement intelligible. Et comme si Dieu avoit manqué de sagesse dans la distribution des saveurs toutes pures qu'il a atachées aux diferentes verités ; on l'oblige, à force de les déguiser & de les falsifier, par une insolente délicatesse, de nous en doner de sensibles & de grossieres, qui ne sont propres qu'à nous gâter le goût & à nous l'émousser pour les verités toutes pures. Enfin on en vient souvent jusques à dire de cœur avec les Juifs charnels: *anima nostra nauseat super cibo isto levissimo.* Nous n'avons que du degoût pour ces viandes creuses.

5. éclaircissement.

III.

C'est le funeste état où conduit imperceptiblement l'usage actif, ou passif des piéces ordinaires de Retorique, par le soin qu'on y prend de ne proposer à l'esprit, rien que de déguisé & de falsifié, & de ne faire paroître la veri-

*5.
éclair-
cisse-
ment.*

té que sous des habits étrangers, que revêtuë d'idées sensibles & grossieres ; & qu'assaisonnée ; ou plûtôt envelopée de mouvemens & de passions ou feintes, ou veritables : car il est vrai (& nous l'avons dêja remarqué) que la Retorique ordinaire n'est gueres ocupée que de ces vains ornemens & de ces mauvais assaisonemens. C'étoit dans cette vûë que Platon toujours ocupé d'idées purement intelligibles, ne la regardoit qu'avec beaucoup de mépris, & la comparoit quelquefois à l'art de la cuisine qui ne s'ocupe qu'à falsifier les viandes ; & qui par l'abus qu'il fait de la varieté des assaisonemens & des ragoûts, ne corompt pas moins les plus sains alimens ; qu'il rend agreables les plus malsains. *Similis est coquinariæ quæ non minus salubres cibos corrumpit, quam insalubres gratiores reddit, condimentorum varietate & deliciis abutens.*

IV.

5e éclaircissement.

Ce n'eſt pas un auſſi petit mal qu'on le penſe, que celui d'alterer, de déguiſer, de farder la verité. Ces couleurs, ces brillans, ces ornemens amenés de loin, ne ſont propres qu'à faire prendre le change. On croit s'atacher à la verité, pendant qu'on ne s'atache qu'à l'écorce. On ne l'aime que par ſes habits, par ſa parure & par ſes ajuſtemens : & nullement en elle-même. Dés qu'on eſt acoûtumé à cet éclat étranger, on ne l'aime (dit agreablement un Pere) que lors qu'elle brille : & point du tout lors qu'elle reprend & qu'elle corige. Pleine de charmes ſous ces ſomptueux habits, elle n'a plus, dans ſon deshabillé, que de la ſechereſſe pour un cœur enchanté du ſenſible. C'eſt donc déja un grand mal, que de gâter ainſi le goût pour la verité.

V.

Mais la Retorique n'en demeure pas là: elle passe souvent jusqu'à faire aimer l'erreur & le mensonge. Il ne faut, pour cela, que les habiller comme la verité. Il ne faut que leur doner les mêmes parures, les mêmes ajustemens. Qu'un bon declamateur employe, pour l'erreur, les figures & les mouvemens dont il s'est servi pour la verité; il rendra celle-là aussi aimable que celle-cy, aux trois quarts de son auditoire. C'est par là que les heresiarques avec quelque esprit & quelque éloquence, ont enlevé à l'Eglise Catolique de si nombreux troupeaux. C'est par là qu'ils ont fait passer si agreablement, dans leur cœur, le venin & le poison de leurs erreurs. C'est enfin par là qu'ils leur ont inspiré tant de dégoût pour certains exercices de pieté, pour des pratiques salutaires, pour la vraye religion.

VI.

Dés qu'un homme a le goût gâté, on lui fait avaler les mauvais comme les bons alimens. Dés qu'un homme est enchanté de la douceur du miel: il ne faut qu'en couvrir les choses les plus ameres, pour les lui faire avaler avec plaisir. Ainsi des qu'on s'est laissé charmer des fausses douceurs & des faux brillans de la Retorique; dés que par là, on s'est gâté le goût, on reçoit sans examen, le bon, comme le mauvais, le faux comme le vrai: pourvû qu'il soit revêtu de ces fausses livrées. Mais le moyen de ne se pas gâter ainsi le goût; lors que dans un âge encore tendre, l'on fait trop d'usage de ces pieces de Retorique?

§. éclaircissement.

VII.

Le goût de l'esprit consiste dans une certaine finesse de discernement pour la verité. Cette finesse de discernement se trouve fort inegalement partagée dans tous les hommes. Pour s'en doner à soi-même, lors qu'on n'en a pas esté avantagé par la nature, un grand secret seroit de travailler à se familiariser avec les idées purement intelligibles ; & de faire cependant taire le bruit confus des sens & des passions. Qu'on juge donc s'il est rien de plus oposé à l'acquisition de cette finesse de discernement : rien de plus propre à faire même perdre ce que la nature pouroit en avoir donné, que l'usage d'une art, qui, comme la Retorique, n'a soin que d'exciter ce bruit funeste ; & qui ne nous mene où il veut, qu'en nous étourdissant à coups d'impressions sensibles ?

VIII.

Que ceux qui sont le plus passionés pour ce manege oratoire, y fassent reflexion, s'ils en sont encore capables : & ils trouveront que lors qu'une fois on s'est fait une habitude de cette sorte de plaisir : on s'est en même tems, fait une espêce de necessité de se rendre invinciblement au bruit & aux manieres senfibles, & de ne fe laiffer même perfuader que par là. Delà vient ce funefte degoût des plus pures lumieres de la raifon. Et c'eft delà enfin que les plus grandes & les plus importantes verités deftituées de ces vains ajuftemens, & de ces affaifonnemens impofteurs, n'ont plus pour l'efprit, qu'une fechereffe & une fadeur infuportables.

5. éclairciffement.

Section 3.

Que la Retorique prife felon l'ufage ordinaire, eft nuifible à la droiture & à la juftesse de l'efprit.

I.

LA *droiture*, ou *la juftesse* eft une des plus eftimables qualités de l'efprit: c'eft par elle qu'on va toujours droit au but, fans s'écarter ni à droit, ni à gauche.

5 éclaircissement.

Qu'on prise les choses ce qu'elles valent: qu'on en juge suivant leurs divers degrés de perfection; selon les regles immuables de la verité; & qu'on les place, dans son estime chacune en son rang.

II.

Rien n'est plus contraire à cette excellente disposition d'esprit, que *le faux*, ou *le travers*. Avec ces malhureuses qualités il arive presque toujours ou qu'on ne va pas jusques au but: ou qu'on n'y va qu'en gauchissant: ou enfin qu'on le passe. C'est ce qui fait qu'on prend & qu'on donne si souvent le change: ce qui fait qu'on prend de travers les plus claires & les plus constantes verités: ce qui fait qu'on les fausse, qu'on les affoiblit, qu'on les outre.

III.

Il est vrai cependant qu'il y a peu d'exercices plus propres à doner à l'esprit ces mauvaises qualités: je veux dire à le rendre faux & peu juste, que l'art de la declamation. Cet art n'est gueres ocupé qu'à faire valoir les idées & les opinions du vulguaire : & celles-cy n'ont presque rien que de faux. Le nombre de ceux qui ont de la justesse & de la droiture est tres-petit. Le commun des hommes a naturellement l'esprit faux & peu exact. Il se trouve bien du travers dans leurs pensées. Ils ne jugent des choses que sur les aparences qui sont presque toutes trompeuses. Quelle impression ne fera donc pas sur l'esprit, un art qui comme la Retorique, ne s'aplique qu'à mettre en œuvre ces pensées & ces opinions du vulguaire?

5. éclair- cisse- ment.

IV.

Pour en concevoir quelque chose, il faut remarquer que la Retorique & la dialectique ne diferent pas simplement comme la main ouverte differe de la main fermée: c'est à dire en ce que l'une étale avec étenduë & hiperbole ce que l'autre n'exprime que d'une maniere precise & concise. Elles diferent beaucoup plus en ce que la Logique traite & parle des choses selon ce qu'elles sont en elles-mêmes : au lieu que la Retorique n'en traite ni n'en parle que selon ce qu'elles sont dans l'opinion du vulguaire. Elles diferent en ce que les preuves & les demonstrations de la dialectique sont simples, uniformes, & communes à tous ceux qui savent penser; ou qui veulent faire usage de leur esprit : au lieu que les preuves de la Retorique se varient suivant la diversité des dispositions des auditeurs. On a un soin infini de les ajuster à l'âge, au temperament, aux inclinations, aux interêts, aux préjugés, aux passions, aux diverses conditions de ceux que l'on harangue; de sorte que n'ayant que les mêmes choses à insinuer à diverses personnes; la Retorique les propose & des prouve par des tours, des airs & des termes tous diferens : En un mot, par des manieres & des expressions ou vulguaires, ou ajustées à la portées du vulguaire. Ce qui prouve dans ces declamations oratoires, n'est le plus souvent que l'air, le tour, l'expression, le geste & les manieres : ou tout au plus des raisons ajustées aux idées & au langage du peuple.

§. éclair-cisse-ment.

V.

En faut-il davantage pour faire voir que rien n'est moins propre que cet art, à doner à l'esprit de la justesse & de la droiture ? Les idées & le langage vulguaires n'étant fondés que sur les prejugés & sur la coûtume, sources fecondes de fausseté & d'illusion ; rien n'est plus propre à rendre l'esprit faux, qu'un art qui ne parle que ce langage & qui ne met en œuvre que ces idées.

VI.

5. éclaircissement.

Que peut-on imaginer de plus propre à fausser un esprit & à lui doner du travers, que de lui parler avec force des moindres choses? que d'outrer tout ce qu'on dit; que de former de grandes & d'énormes images des plus petits sujets? c'est cependant le manege presque continuel de la Retorique. La plûpart de ses ouvrages ne sont qu'un amas de figures & de fictions qui vont toujours bien au delà de l'exacte verité, & qu'on peut justement apeler de pompeuses & de magnifiques impostures? Elle sait faire valoir les moindres lueurs, recevoir les plus petites vrai-semblances; doner aux plus foibles raisons l'air de la plus grande solidité & du plus grand poids. Entre ses mains on ne trouve presque rien de naturel. Tout est énorme: tout est élevé: tout est guindé. En bien, comme en mal, rien n'est mediocre: tout est toujours du dernier bien, ou du dernier mal. Le moyen qu'un esprit acoûtumé à ces fausses idées puisse se faire de la justesse, ou de la doiture?

§. éclaircissement.

Section IV.
Que la Retorique prise selon l'usage ordinaire, est nuisible à la tranquillité & à la pureté du cœur.

I.

Aprés avoir fait voir, comme je crois, l'avoir fait auparavant, que la Retorique est le grand manége des passions; je n'employeray pas bien du tems à montrer combien elle est nuisible à la tranquillité & à la pureté de cœur. Il ne faut, pour cela, que retracer legerement l'idée de ce qui se passe dans les passions.

II.
Dans le 2. traité de cet ouvrage,

nous avons vû qu'une paſſion eſt eſſentiellement un mouvement de l'ame & des eſprits, lequel excité par les ſens & par l'imagination, agit à ſon tour, ſur la cauſe qui le produit, pour la fortifier, & pour en renaître tout de nouveau; & voicy de quelle maniere cela ſe paſſe. 1. Un objet frape les ſens & ſe preſente à l'eſprit. 2. L'eſprit juge du raport qu'à cet objet avec ſes propres intereſts. 3. Ce jugement, ou ce ſentiment confus remuë la volonté conformement à ce que l'eſprit a cru apercevoir dans l'objet. 4. Le mouvement de la volonté en excite un dans les eſprits animaux & produit de plus le ſentiment convenable à la paſſion. 5. Ce ſentiment & ce mouvement d'eſprits reproduiſent à leur tour, une nouvelle émotion dans l'ame: mais émotion beaucoup plus ſenſible que la premiere: je veux dire que celle qui avoit d'abord
eſté

esté produite par la simple vûë de l'objet : car, d'une part, le mouvement des esprits sert à retracer beaucoup plus vivement l'image de cet objet ; & d'ailleurs il est certain que comme les mouvemens de la volonté sont les causes naturelles des sentimens de l'esprit : ces mêmes sentimens entretiennent à leur tour, les mouvemens de la volonté.

III.

De là il est visible que les passions ne sont qu'une perpetuelle circulation de sentimens & de mouvemens : mais sentimens & mouvemens si peu libres & même souvent si necessaires, qu'on ne voit pas comment ces passions peuvent cesser ; & qu'elles ne finiroient peut-être jamais ; si le sang pouvoit fournir une assez grande quantité d'esprits pour leur entretien.

IV.

Que si cela est ainsi, comme il

5.
éclair-
ciffe-
ment.

est aisé de s'en convaincre par le sentiment interieur que nous avons de tout ce qui se passe en nous ; de quelle tranquillité l'esprit & le cœur peuvent-ils joüir dans les passions ? quel trouble n'est pas capable d'y exciter cette foule d'idées sensibles que le mouvement tumultueux des esprits animaux reveille sans cesse ? quel peut être le calme d'un cœur violemment agité, tiraillé, dechiré par les passions ? c'est une mer orageuse dont les flots ne peuvent être calmés, que par une main toute-puissante.

V.

Mais quelle peut être la pureté de ce cœur, dans cette agitation & dans ce trouble ? les sentimens vifs & agreables qui accompagnent, sans cesse, les passions, ne le corompent-ils pas en mille manieres ? nous avons vû dans la 3. partie du dernier traité de cet ouvrage, que la coruption du cœur consiste à rechercher comme de vrais biens, les objets de ses passions: à estimer & aimer ce qui n'est ni aimable, ni estimable. Le moyen donc de se defendre de ces deux foibles, pendant qu'on est tout penetré des sentimens vifs & agreables qui sont inseparables des passions ? la vivacité de ces plaisirs ne nous porte-t-elle pas naturellement à regarder les objets des passions comme de vrais biens : à les estimer infiniment plus qu'ils ne valent; & à nous y atacher aveuglément ? quelle peut être la pureté du cœur en cet état ? & quelle doit être l'équité des jugemens de l'esprit, pendant que les passions toujours flateuses & toujours douces, le sollicitent à juger en leur faveur ?

Puis qu'il est donc vrai que la Retorique dans son usage ordinaire, n'est que l'art d'exciter les passions; on voit bien de quel oss-

5.º éclaircissement.

tacle elle peut être à la tranquilité & à la pureté du cœur.

VI.

On ne manquera pas d'alleguer ici que la Retorique peut exciter des passions saintes ; & qu'alors n'y ayant nul danger d'en suivre les mouvemens ; puis qu'elles ne portent qu'à Dieu; il n'y aura aussi nul risque de corruption pour le cœur. Mais nous avons suffisamment prevenu cette instance dans la 3. partie du dernier traité.* Et nous y avons fait voir qu'une éloquence qui ne parle qu'à l'imagination & qui ne s'ocupe qu'à exciter les passions, est peu propre à gagner le cœur à Dieu, & à tourner ce cœur vers les biens intelligibles. Des idées sensibles, vives & flateuses, telles que sont celles dont cette éloquence se sert pour exciter les passions, ne peuvent naturellement tourner le cœur, que vers des objets sensibles. Et cependant ni Dieu ni les vrais

sect. 3. ch. 4.

biens n'ont rien de senfible. Il faut voir & lire entier le chapitre que je viens de citer.

Éclairciffement.

VII.

De tout ce que nous avons dit jufques ici, fur ce fujet, on doit, ce me femble conclure que l'ufage de la Retorique, fur tout à l'égard des jeunes Solitaires, l'ufage de la declamation, foit qu'il foit paffif, ou actif, n'eft pas fimplement inutile; mais qu'il eft même dangereux & nuifible à la perfection de l'efprit & du cœur. Car pour dire encore un mot de fon ufage actif; à des efprits qui (comme les jeunes Solitaires) n'ont encore nulle conoiffance feure & folide: qui ne favent rien metodiquement ni exactement; & qui n'ont pas même encore mis le pied dans le païs des fiences; de quelle utilité peut être la Retorique; & qu'eft-ce que l'art de la declamation active entre leurs mains, que l'art de parler de tout

T iij

à perte de vûë: de batre sans cesse la campagne: de voltiger de lieux en lieux communs, sans jamais rien dire de propre au sujet: de piller sans pudeur comme sans discernement les meilleurs orateurs; & de cent lambeaux mal cousus & mal assortis, se faire une piece d'éclat & de parade? de parler à l'imagination, & jamais à l'esprit: de ne prouver que par de fades exclamations & de ridiculer contorsions: en un mot, l'art de prouver sans preuves?

VIII.

Il est d'autant plus dangereux de les engager trop tôt dans cet art, que lors qu'ils ont une fois pris cette mauvaise habitude de ne parler que figurement & metaphoriquement, & de discourir en l'air sur les sujets qui leur sont le plus inconus; ils deviennent insuportables dans le commerce. Leur langage devient inintelligible à force d'être outré & guindé; ils ne peuvent plus s'expliquer naturellement ni exactement sur quoique ce soit. On ne les regarde que comme des gens d'une imagination brûlée, ou des declamateurs sans jugement. Et enfin il est vrai que cette mauvaise habitude leur met, dans l'esprit, un obstacle presque invincible pour les siences exactes, & qui demandent de la justesse & de la tranquillité d'esprit.

5. éclaircissement.

IX.

Aussi l'experience nous aprend-elle que de tous les jeunes gens, nul ne reüssit plus mal dans les diverses parties de la Philosophie, & sur tout dans la Logique & dans la Metaphisique; en un mot dans les siences de jugement & de raisonement; que ceux qui ont eu le plus de succés dans l'art de la declamation. Cela est encore bien plus vrai de ceux qui ont joint à cet art celui de la poësie, & qui n'ont pû resister à la pitoyable maladie de rimer & de parler en cadence & par mesure. Mais c'est un sujet dont il faut encore dire deux mots.

Section V.
Des mauvais effets de la Poësie sur l'esprit des jeunes gens.

I.

Comme la Poësie n'est ni moins figurée, ni moins passionée, ni moins remuante, que l'espêce de Retorique dont on vient de parler; il est aisé de juger qu'elle n'est pas moins dangereuse aux jeunes Solitaires : & l'on peut même ajoûter que l'aplication qu'ils y donnent, devient souvent, pour eux, une espêce de maladie tres-facheuse.

II.

Par la frequente lecture des Poësies profanes, & sur tout des Françoises, il arive d'ordinaire aux

SUR LE I. TRAITÉ. 441
jeunes gens, quelque chose d'as- | éclair-
sez semblable à ce qu'ils éprou- | cisse-
vent lors qu'ils ont entendu, quel- | ment.
que tems, chanter un air qui leur
plaisoit. La cadence de cet air a
esté tant de fois, pendant ce tems,
tracée & retracée dans leur cerveau, par le mouvement des esprits; & la route de ceux-cy est
devenuë, par leur frequentes &
égales revolutions, si batuë, si a-
planie, si aisée, & même si glissante; que dés qu'ils viennent à s'y
presenter, & que les ordres de la
volonté, ou l'impression inopinée
de quelques objet, ou même le
pur hazard les y améne : on n'en
est plus le maître. Ils continuent
leur course contre les ordres même de la volonté, qui les a d'a-
bord mis en mouvement; & souvent il arive qu'au milieu des plus
grandes & plus serieuses ocupa-
tions, un air ridicule passe & repasse tant de fois dans la tête; &
se retrace avec tant d'opiniatreté

T v

dans le cerveau ; que tout ce qu'on peut faire, est de retenir les organes de la voix; & de s'empêcher de chanter.

III.

C'est la vraye peinture de ce qui arive à la plûpart de ceux qui s'apliquent à la Poësie. Tel s'y aplique d'abord librement, qui devient ensuite Poëte, ou du moins rimeur malgré lui. Lorsque les esprits animaux se sont mûs quelque tems en cadence, & avec certains soubresauts d'une égale mesure, dans le cerveau; & qu'ainsi excités ils ont pris les routes qui conduisent aux traces acouplées des rimes; ils y coulent ensuite avec tant de rapidité: ils continuent avec tant d'opiniatreté de s'y mouvoir; & renouvellent ces traces avec tant de violence; que l'esprit n'étant plus ocupé que des images sensibles des rimes qui répondent à ces traces; il ne peut plus penser à rien qu'en cadence.

Il fait rimer tout ce qui se presente à lui: il donne l'air de vers à toutes ses idées; & il est quelquefois si opiniatrément & si cruellement ocupé de ce jeu d'imagination; qu'il lui est impossible de s'en defaire, ou de s'en éloigner; & qu'enfin il en perd, malgré lui, le sommeil, le boire & le manger.

IV.

En cet état d'esclavage, un esprit s'aplique, il travaille, il compose: mais quel peut être un ouvrage qui n'est que l'efet d'un manquement de pouvoir sur le mouvement des esprits; d'un vrai defaut de liberté; d'une pure foiblesse de tête; d'une facheuse impuissance d'empêcher le renouvellement des traces des rimes; d'une dure necessité de ne penser que mecaniquement, & de n'avoir d'idées que par le canal des rimes? car dans les autres Auteurs ce sont les pensées qui amenent les termes: mais dans ces demi Poëtes ce sont les rimes qui, la plûpart du tems, font naître les pensées.

V.

C'est cependant en ce malhureux état de gêne & de contrainte que se font assez souvent, des ouvrages qu'on ne laisse pas d'estimer. Telle piéce qu'on croit être l'effort d'une ferme & solide raison, d'une parfaite liberté, & de reflexions bien concertées ; n'est quëlquefois que l'effet necessaire d'un debandement involontaire des ressorts du cerveau, d'une cruelle tirannie, & d'une impuissance deplorable.

VI.

Que si pardessus cela, on prend garde que la Poësie est une espêce d'éloquence où presque rien n'est naturel : où l'on met en œuvre les plus dures metaphores & les figures les plus outrées : où l'on répand indiscretement, les fictions & les hiperboles : où l'on donne du sentiment aux pierres; du discernement aux plantes; du raisonement aux bêtes; de la providence aux étoiles: où l'on fait revivre les morts: pâmer les vivans, discourir les ombres; & où enfin l'on a beaucoup plus de soin de divertir l'imagination, que d'éclairer l'esprit; on verra bientôt que cette étude est peu convenable aux jeunes Solitaires; & qu'elle ne leur est pas moins nuisible pour la perfection de l'esprit & du cœur, que celle de la Retorique dont nous venons de parler. On peut bien, sur cela, en croire un fort honête homme, & qui pouroit, s'il vouloit se distinguer considerablement dans cette discipline. Voicy de quelle maniere il s'en explique, en termes de l'art.

S. éclaircissement.

Ce qui nous charme donc, en vers, c'est l'harmonie.
Mais elle impose aussi, si l'on ne s'en defie.
De quelques mots nombreux qui coulent aisément,

On est souvent la dupe : on perd le
   jugement,
On admire des riens produits avec
   emphase ;
Des riens vuides de sens, & qui
   n'ont que la phrase. *

M. de Moncœaux.

5. éclaircissement.

VII.

Qu'on ne concluë pas neanmoins de là que la Poësie doive être interdite à tout le monde : ou que tous ceux qui s'en mêlent soient sujets aux defaux dont je viens de parler. Je say qu'il y a sur cela, des exceptions. Il se trouve des esprits qui nés Poëtes, savent joindre aux rimes & à la cadence tout ce que la raison & le bon sens ont de plus solide. Il ne faudroit point sortir de nôtre siecle, pour trouver de ces hureux genies, de ces esprits aisés & naturels, qui pleins de nobles idées, & des plus belles regles de morale ; nullement esclaves, mais parfaitement maîtres de la rime ; toûjours suivis de la cadence & des mesures, jusques dans leurs plus libres saillies; savent exprimer les plus grandes verités purement, fortement, noblement; font le procez au vice; & defendent hureusement les interêts de la vertu; disons les interêts même de l'amour de Dieu.

VIII.

Mais sans conter que rien n'est plus rare que ces genies; & que pour les former, il faut un assortiment de qualités d'esprit, tout extraordinaire, & une espêce de vocation peu commune; on doit encore avoüer que quelques belles & nobles; quelques grandes & serieuses, que soient les choses dont on traite; se faire une loi de ne les dire qu'en rimant, & en cadence; c'est en quelque maniere les enchaîner & les mettre à la torture: c'est les degrader & les rendre badines: c'est enfin (le dirai-je?) aprendre aux verités à danser; ce qui assurement ne convient gueres à la profession d'un

Solitaire. J'aurois de la peine à parler ainsi de l'art de rimer, si le premier des Poëtes de nôtre siecle ne s'en étoit lui-même expliqué avec encore plus de force. Écoutons-le un moment.

Maudit soit le premier dont la verve insensée
Dans les bornes d'un vers renferma sa pensée ;
Et donnant à ses mots une étroite prison ;
Voulut avec la rime enchaîner la raison. *

* M. Boileau

On voit bien par l'indignation qu'il témoigne contre cet esclavage de la raison, qu'il en parloit par experience. Et assurement on peut bien l'en croire : c'est un des Poëtes qui a le plus fait entrer de raison & de bon sens dans ses ouvrages ; & qui par consequent sait le mieux combien ces morceaux lui ont coûté à placer : par quels arangemens & derangemens il y eſt parvenu; & enfin à quel prix il leur a acheté d'auſſi incommodes places *que ces étroites priſons.*

§. éclairciſſement.

Concluſion de ce qu'on vient de dire ſur l'uſage de la Retorique & de la Poëſie.

I.

POur recueillir le fruit des diverſes reflexions que nous venons de faire ſur l'uſage ordinaire de ces deux arts; je voudrois premierement que, ſi l'on a à étudier la Retorique: on ne le fît qu'aprés avoir travaillé à ſe former le jugement par l'étude des ſiences exactes; & qu'après avoir fait quelque progrez dans ces ſiences. Et je ſouhaiterois en ſecond lieu, qu'on s'apliquât à une éloquence plus ſolide, que celle qu'on cultive communement dans les Colleges.

II.

5. éclaircissement.

Je dis *si l'on a à étudier la Retorique* : car j'avoûë que cette étude ne me paroît pas fort neceſſaire. Elle eſt (comme on vient de le voir) fort dangereuſe à ceux qui n'ont nul acquis dans les ſiences ; & elle eſt aſſez inutile à ceux qui y ont de l'acquis & dont le jugement eſt formé. Je ſuis perſuadé que l'homme ſait naturellement l'art de parler, comme il ſait celui de nager. Et comme pour nager actuellement, il ne lui manque que de la hardieſſe & de la tranquillité d'eſprit & de jugement ; ainſi pour parler & perſuader, lorſqu'il eſt une fois plein de ſon ſujet ; il ne lui manque qu'une honête aſſurance pour en animer le debit ; & que du jugement pour l'aranger par raport à la fin qu'il ſe propoſe.

III.

Et qu'on ne s'imagine pas que ce ſoit en l'air que j'avance cecy ;

j'ai eu souvent le plaisir de voir des gens grossiers, sans éducation, sans étude & sans instruction, parler de leurs affaires devant des personnes d'autorité & de respect, avec une éloquence inimitable. Soûtenus de la passion de l'interêt & pleins de leur sujet; on les voioit le debiter avec tant d'ordre, de netreté & d'assurance; & animer le tout d'un air si aisé & si naturel; quoique peu popli, & même grossier; qu'on ne pouvoit se defendre d'en être touché & même persuadé. La nature est une habile maîtresse dans l'art de l'éloquence. Une de ses leçons vaut mieux, que cent autres de la part de ceux qu'on apelle les maîtres de l'art.

5. éclaircissement.

IV.

Mais enfin si l'on croit donc avoir besoin de se faire des regles pour persuader aux autres, les choses dont on est soi-même persuadé; la grande & vraye disposition pour cela, est de conoître l'homme : l'union des deux parties dont il est composé : la dépendance que son esprit a du corps : Sa liaison, par l'entremise de ce corps, avec tous les objets qui l'environent : en un mot, ses passions, ses interêts, ses penchants & ses foiblesses. Car c'est par ces conoissances qu'on peut trouver mille moyens de remuer le cœur de l'homme, & de le convaincre du moins machinalement.

De cela seul il est visible qu'on ne devroit jamais enseigner la Retorique, qu'à des gens qui seroient déja Philosophes. Mais ce qui peut le plus servir à le faire voir, c'est la consideration de la nature même de la vraye éloquence.

V.

Qu'on en dise & qu'on en pense ce qu'on voudra : la vraye, la solide & la chaste éloquence n'est ni coquête, ni causeuse. Elle ne cherche point de vains ornemens, ni de bizares ajustemens. Elle ne sait ce que c'est que discourir en l'air, badiner sur des mots, faire des pointes. Elle croit indigne d'elle de s'assujetir bassement à la mesure des cadences, à l'arondissement des periodes ; à la cimetrie des figures, & beaucoup plus à la justesse des rimes. Elle ne se met ni fard, ni mouches afin de paroître agreable. Elle ne s'enfle nullement pour montrer de l'embonpoint. Sa grace n'éclate jamais par des couleurs empruntées. Elle ne sait ce que c'est, ni que de se guinder, ni que de ramper. Elle n'est ni foible, ni emportée. Elle n'outre, ni n'afoiblit jamais son sujet. Elle n'est ni timide, ni effrontée ; ni morne, ni éventée. Elle ne donne ni dans l'afectation, ni dans la negligence. Mais naturelle & simple ; droite, & aisée ; libre & modeste, reguliere & maîtresse de son sujet, elle le

5. éclaircissement.

distribuë judicieusement: elle en arange les partie avec ordre: elle en lie les preuves d'une maniere suivie & propre à la conviction; & va ainsi seurement droit à son but; toujours plus soigneuse d'éclairer l'esprit, que de flater l'oreille: plus apliquée à persuader, qu'à convaincre: plus en peine de la grandeur des choses; de la force des pensées, & du poids des raisons; que de la pompe des mots, de l'ajustement des phrases, & de la cadence nombreuse des periodes: plus atentive à se rendre intelligible, qu'à faire parade d'érudition: plus ocupée des pures idées, que des mouvemens; & enfin preferant aux plus agreables sentimens & aux plus flateuses passions, la pureté de l'intelligence & la vûë claire de la verité.

VI.

Encore une fois, qu'on en use comme l'on voudra. Qu'on engage les jeunes esprîts, sans provision & sans defense, sur cette mer agitée & perilleuſe de la declamation. Qu'on leur aprene à fraper vainement l'air & à travailler ſur des ombres & des chimeres; je ſuis perſuadé que la vraye éloquence eſt celle qui ſe prend de la nature même du ſujet, & de la profonde conoiſſance qu'on en a. C'eſt celle que l'eſprit & le cœur produiſent de concert, & que la vûe & l'amour de la verité animent également. Donez moi dans un eſprit, de la connoiſſance, & dans un cœur de l'amour pour la verité: & je ſuis ſeur que ſans art, ſans metode & ſans regles, un tel homme vous perſuadera de ſa ſeule abondance. Au contraire donez à cet homme, toutes les metodes & toutes les regles de l'art, pour inſinuer une verité; mais ôtez lui l'exacte connoiſſance & l'amour ſincere de cette verité: & puis voyez s'il poura vous dire deux mots qui vous perſuadent, ou qui vous touchent.

5. éclairciſſement.

VI. ECLAIRCISSEMENT.
Sur ce que j'ay dit de la Philosophie scholastique dans le premier traité.

I.

Quelques esprits se sont encore plaints du peu d'estime que j'ay témoignée de la Philosophie scholastique dans le 1. traité. Mais je les prie d'observer, 1. que ce que j'en ay dit, n'a esté que par raport aux Solitaires, à qui il est vrai que je n'ay pas crû, & que je ne croi pas encore qu'elle convienne. 2. Que pour ne la leur avoir pas cru convenable ; je n'ay pas pretendu qu'elle n'eut rien de bon, ni qu'absolument ils ne pûssent en tirer nulle utilité.

Mais pour ne doner à personne aucun sujet de scandale ; je veux bien m'expliquer un peu plus

plus distinctement sur ce sujet: & marquer, en detail à un jeune Solitaire qui se trouve apliqué à cette espêce de Philosophie, ce qui lui convient, ou ne lui convient pas dans cette étude, & quel usage je pense qu'il en doit faire. Et ainsi je commenceray, 1. par lui doner quelques avis generaux sur cette étude. 2. Je feray une espêce d'analise des traités & des diverses parties de la Philosophie scholastique; marquant ce qui me paroît qu'on en doit penser; & l'usage qu'on en doit faire. 3. Je doneray quelques regles sur la maniere de s'y apliquer.

6. éclair-cisse-mens.

De l'étude de la Philosophie scholastique pour les jeunes Solitaires.

Section I.

Avis generaux sur cette étude.

I.

EN general il me paroît que les meilleurs avis qu'on puisse doner aux jeunes esprits, sur cette étude, seroient, 1. de ne pas s'imaginer que tout ce que renferme cette espêce de Philosophie soit important, necessaire, ou même utile. Il y a non-seulement de l'inutile & du frivole: mais même du nuisible & du dangereux.

II.

2. De ne rien recevoir par esprit de credulité; & d'examiner tout au poids de la raison & à la faveur de la lumiere: & ainsi de

banir toute aveugle deference pour l'autorité du maître; & de n'adopter de ses sentimens, qu'autant qu'on y est forcé par l'évidence.

6. éclaircissement.

III.

3. De travailler à discerner dans cette discipline, le solide d'avec le frivole: le vrai d'avec le vraisemblable: la sience d'avec l'opinion: ce qui forme le jugement d'avec ce qui ne fait que charger la memoire: ce qui donne de la justesse, d'avec ce qui échaufe l'imagination: ce qui aprend à penser, d'avec ce qui n'enseigne qu'à discourir: ce qui va au cœur, d'avec ce qui demeure à la surface de l'esprit: ce qui mene à l'intelligence, d'avec ce qui ne conduit qu'à une vaine érudition. Et puis méprisant, ou negligeant tout le reste, ne s'atacher qu'aux conoissances solides & necessaires; aux verités immuables & éternelles. A ce qui mene à la sience & à l'in-

6. éclaircissement.

telligence; à ce qui peut former le goût & le jugement; doner de la justesse & de l'exactitude; toucher & redresser le cœur.

IV.

Mais pour faciliter ce sage discernement, & mettre les esprits à portée de le faire; il faut entrer en quelque detail & faire une espêce d'analise de ce qui se trouve dans la Philosophie scholastique.

Section II.

Analise des parties de la Philosophie scholastique. Jugement de ce qui s'y trouve, & de l'usage qu'on en doit faire.

Rien n'est d'ordinaire plus bigaré que les traités de cette Philosophie. Il s'y trouve, 1. des regles, ou des preceptes. 2. des principes, ou des axiomes. 3. des verités. 4. de pures opinions. 5. des questions solides, ou du moins utiles. 6. des questions frivoles, vainement curieuses, ridicules, vetilleuses. 7. de vaines subtilités, des tours de souplesse propres à se defendre d'une verité qu'on ne veut pas recevoir. 8. Des misteres inintelligibles soûtenus d'explications entortillées. 9. d'ennuyeux details des divers sentimens des Philosophes anciens & modernes. 10. de violentes refutations d'opinions bizares, phantastiques, paradoxes & extravagantes. 11. Enfin pour comprendre tout en quatre mots, on trouve dans ces traités scholastiques, de la Logique, de la Morale, de la Metaphisique, & de la Physique. Voyons ce qu'on doit penser de ces divers chefs.

6. *éclaircissement.*

§. I.

Des Regles & des Preceptes.

I.

LEs regles & les preceptes sont ce qu'il y a de plus im-

6. éclarcissement.

portant dans la Logique & dans la Morale. Ces deux disciplines n'ayant pour but, que de nous aprendre à penser & à vivre; toute la Logique ne devroit être qu'un recueil de regles propres à rendre l'esprit juste; & toute la Morale ne devroit s'ocuper que des preceptes propres à rendre le cœur droit. Mais que, dans l'usage ordinaire, elles se trouvent éloignées de leur veritable but! on n'y voit presque nuls preceptes, nulles regles. Elles ne s'ocupent que de questions speculatives, pour la plûpart vaines & frivoles, & beaucoup plus propres à fausser l'esprit & à dessécher le cœur; qu'à regler ces deux facultés: ou enfin si elles donent quelques regles, elles sont d'ordinaire de choses si faciles: qu'il n'y a persone qui ne pût faire sans regles, ce qu'elles prescrivent. Aussi n'en voit-on nuls bons efets; & de tous ceux qui ont eu le plus de succez dans ces disciplines, à peine s'en trouvera-t-il un seul qui en soit sorti l'esprit moins faux & le cœur moins corompu.

6. éclaircissemens

II.

Mais ce seroit peu, si l'on en étoit quite pour cela. Il arive souvent qu'on n'en sort qu'avec plus de travers & d'oposition à entendre raison & à penser juste. L'habitude qu'on y a prise de parler de tout à perte de vûë: de soûtenir le pour & le contre avec un égal succez; & de prendre de simples lueurs pour une parfaite évidence; forme sur l'esprit une espêce de cal, qui le rend impenetrable aux plus claires & plus fortes raisons; & en banit, souvent pour jamais, la justesse, le discernement & l'exactitude.

III.

Le meilleur parti que puissent donc prendre ceux qui se trouvent engagés à l'étude de ces traités scholastiques, est de passer su-

V iiij

6.
éclair-
cisse-
ment.

perficiellement fur ces vaines fpeculations; de negliger abfolument ce manége d'école; & de ne s'atacher qu'aux regles propres à former le jugement & à perfectioner l'efprit & le cœur.

§. 2.

Des principes, ou des axiomes.

I.

LEs principes & les axiomes font ce qui demande le plus d'atention dans l'étude de la Philofophie : parce que c'eft particulierement de là que depend le bon, ou le mauvais fuccez des fiences. C'eft un mal que de ne raifonner pas de fuite: mais c'en eft un beaucoup plus grand, que de raifoner fur de faux principes: parce qu'alors plus on raifone jufte; plus on s'égare. Il ne faut donc pas fe rendre facile à recevoir des principes. Rien ne doit être examiné avec plus de foin. On ne doit recevoir pour principes dans les fiences; que ceux qu'on ne peut s'empêcher d'admettre: je veux dire que ceux qu'une parfaite évidence ne laisse pas la liberté de rejeter.

6. éclaircissement.

II.

Il faut même du discernement à l'égard de ces principes incontestables, pour ne se charger que d'axiômes utiles, feconds, & d'une grande étendue. Car il est vrai qu'il y en a qui, malgré leur certitude, sont d'une sterilité desolante; & qui ne servent qu'à charger inutilement la memoire. Quelle utilité, par exemple, a-t-on jamais tiré du fameux principe des écoles; *il est impossible qu'une chose soit & ne soit pas tout ensemble?* qu'a-t-il produit dans les fiences? à quelle decouverte a-t-il mené? c'est pourtant là ce que les fcholastiques regardent comme le premier, le plus honorable, & le plus important axiôme des fiences.

V v

§. 3.
Des veritéz.
I.

Rien n'est ni plus precieux, ni plus digne de veneration, dans les traités de Philosophie, que les veritéz; sur tout si ce sont veritéz independantes des tems & des lieux: veritéz immuables & éternelles. Ce n'est proprement que dans l'assemblage & l'enchaînement de ces veritéz, que consistent les siences. Et la nature de ces veritéz est telle, qu'il n'y en a pas une, qui ne puisse à son tour, devenir principe d'autres veritéz. Mais comme ces veritéz sont tres-rares dans les traités de Philosophie scholastique; & que ceux-cy ne contiennent gueres que des vrai-semblances; il faut bien prendre garde à ne pas recevoir ces vrai-semblances pour des veritéz. C'est une illusion d'autant plus glissante, qu'on s'y sent porté par l'amour même qu'on a pour la vérité. Car cet amour porte à tout ce qui ressemble à la verité: & rien ne luy ressemble mieux que les vrai-semblances.

6 éclaircissement.

II.

Pour éviter cette illusion, il faut éclairer son amour, & en suspendre l'effet, jusqu'à ce que l'évidence le determine. Je veux dire que quelque jour que l'on puisse doner à une proposition; il faut retenir & suspendre son jugement; jusqu'à ce qu'on se sente necessité & comme contraint à le doner. C'est là l'unique moyen infaillible d'éviter l'erreur & de trouver la verité: & c'est la principale regle pour la conduite du jugement dans les siences speculatives. Car cette necessité de consentir est le caractere de l'évidence; n'y ayant qu'une pleine évidence qui soit capable d'aracher ainsi le consentement: or l'évidence est la marque infaillible de la verité.

6.
éclair-
ciſſe-
ment.

§. 4.
Des opinions.

I.

APrez ce qu'on vient de dire des veritès; il eſt aiſé de juger qu'on ne doit pas faire grand cas des *opinions*. Et veritablement puis qu'elles ne ſont opinions que parce que l'évidence leur manque; & que dés là il y a juſte ſujet de craindre l'erreur en les embraſſant; ne ſeroit-ce pas aler directement contre la regle que nous venons d'établir, que d'y doner conſentement, & que de s'en faire un titre d'erudition? toute la grace donc qu'on leur peut faire, en conſideration du maître qui les enſeigne; eſt de leur doner, par proviſion, quelque place dans ſa memoire; juſqu'à ce qu'on ſoit en état de les examiner ſur les ſeveres regles de la verité. Car les recevoir aveuglement ſur la parole du maître; c'eſt ce qu'un grand homme apelle renoncer folement à son propre jugement. *Credulitas est judicii quædam inepta privatio.* C'est particulierement en cela qu'il faut se bander contre le torrent de la coûtume des écoles, dans lesquelles on ne fait presque autre chose qu'aprendre à croire. *In accademiis discunt credere.*

éclaircissement.

II.

Ce qu'il y a, sur cela, de facheux; & ce qui impose le plus à l'esprit des jeunes gens; c'est que souvent on debite ces opinions d'un air aussi decisif & aussi plein de confiance & de hardiesse qui si l'on étaloit les plus constantes veritéz. De sorte qu'il semble que les maîtres & les disciples soient mutuellement convenus de doner les mains à l'erreur. Ceux-là, loin de soûmettre, leurs sentimens à l'examen de leurs disciples, decidant d'un ton & d'un air à vouloir être crus sur leur parole; & ceux-cy ennemis de l'examen &

6. éclaircissement.

des recherches; plus soigneux de ne pas douter, que de ne pas errer, desirent que l'on prononce & qu'on les satisfasse sur le champ. Et ainsi une fausse honte empêche les premiers de reconoître la foiblesse de leurs lumieres : & l'aversion du travail detourne les derniers de faire usage de leur esprit. *Ita ut magister amore gloriæ infirmitatem scientiæ prodere caveat; & discipulus laboris odio vires proprias experiri nolit.*

III.

Pour éviter les écueils où mene cette conduite, le grand secret est de se tenir dans une perpetuelle defiance des airs trop decisifs. Ils ne doivent servir qu'à rendre suspect ce que l'on avance; qu'à faire rentrer un esprit en lui-même; à le mettre en garde contre les decisions; & à les lui faire examiner plus scrupuleusement & plus severement. Que si l'on n'a pas le tems de les examiner ainsi ; il faut toujours prendre le parti d'en douter. Le doute & la suspension d'esprit, en un mot, une prudente ignorance, est infiniment preferable au vain & fastueux amas d'un milion d'opinions, qui dés qu'elles ne sont qu'opinions, sont sujettes à erreur.

§. 5.
Des questions solides, ou utiles.

I.

LEs questions solides & utiles sont les seules qui meritent qu'on s'y aplique. Mais coment un jeune homme poura-t-il les discerner d'avec les questions vaines, badines & inutiles qui se trouvent en si grand nombre dans la Philosophie de l'école? pour doner lumiere sur cela, je ne puïs mieux faire que de marquer ici en detail, la plus grande partie des questions que je croi solides & utiles. Je les reduis toutes à celles

6. éclair-cisse-ment.

qui menent à la connoiſſance de Dieu & à la conoiſſance de l'homme. *Noverim me, noverim te.*

II.

Les queſtions utiles qui regardent Dieu, ſont celles qui ſervent à nous developer, 1. l'idée de l'être infiniment parfait. 2. l'étenduë de ſa conoiſſance & de ſa ſageſſe. 3. ſa puiſſance. 4. ſa providence. 5. ſon action. 6. les loix ſuivant leſquelles il agit. 7. les regles de ſa ſageſſe ſur leſquelles nous devons ajuſter nôtre conduite. 8. ſa ſouveraineté 9. ſon independance. 10. l'ordre ſur lequel il regle ſa conduite; & qui doit être la regle de tous les eſprits, &c.

III.

Les queſtions utiles qui regardent l'homme, ſont celles qui nous font conoître la nature du corps & de l'eſprit dont nous ſommes compoſés; & 1. la nature & les proprietés du corps en general.

2. les diverses parties du corps humain. 3. les raports qu'elles ont entre-elles. 4. ses divers ressorts. 5. leurs liaisons & leurs usages. 6. les diferens organes des sens. 7. leurs fonctions. 8. la cimetrie de toutes ces parties. 9. la sage économie de tout ce composé. 10. & pardessus cela, les raports necessaires & presque infinis qu'il a avec tout ce qui l'environe. 11. les questions qui nous menent à la conoissance de nôtre ame & de ses proprietés; qui nous decouvrent, 12. son indivisibilité, 13. sa spiritualité, 14. son immortalité. 15. sa double union, l'une avec Dieu ; l'autre avec le corps humain ; & par le moyen de celuicy, avec toutes les choses sensibles. 16. les avantages de la premiere. 17. les desavantages de la seconde. 18. les moyens d'augmenter l'une & d'afoiblir l'autre. 19. les actions qui sont propres à l'esprit. 20. celles qui ne tiennent

6. éclaircissement.

que du corps ; 21. & celles qui tiennent de l'un & de l'autre. Je veux dire les pensées purement intellectuelles : les mouvemens purement mécaniques : les sentimens & les passions qui relêvent du corps & de l'esprit. 22. les questions enfin qui tendent à nous faire conoître nos avantages & nos pertes. 23. nôtre excellence & nôtre coruption. 24. nôtre liberté & son affoiblissement. 25. nôtre inclination pour une gloire immortelle & pour un bonheur éternel ; & nôtre extrême penchant pour les choses terrestres, temporelles & coruptibles : car la Philosophie bien conduite peut nous mener jusque-là.

IV.

Voilà la plus grande partie des questions que je croi solides & utiles ; & ce n'est gueres que de celles-cy que je souhaiterois que la Philosophie des Cloîtres fut composée. Je ne pense pas que les plus chagrins contre l'étude des Solitaires, y puſſent trouver à redire. Par tout donc où l'on trouvera de ces ſortes de queſtions: on peut ſeurement s'y apliquer. Le reſte doit être aſſez indiferent.

6. éclairciſſement.

§. 6.
Des queſtions frivoles, vainement curieuſes, & des minuties.

DE ce qu'on vient de dire dans le precedent paragraphe, on voit bien le peu de cas que l'on doit faire de ces vains amuſemens. On ne devroit pas même, jetter les yeux ſur ces ſortes de queſtions, ſi ce n'eſt pour avoir le droit & le plaiſir de les mépriſer avec conoiſſance de cauſe. Ce qui ſe dit de Senêque, qu'à force de pointes, de jeux de mots & de minuties, il affoiblit le poids des choſes ; *verborum minutiis rerum frangit pondera* : ſe peut

6. éclaircissement.

à bien plus forte raison, dire de ces éternels faiseurs de questions frivoles; qu'ils énervent les siences par les minuties de leurs questions. *Quæstionum minutiis scientiarum frangunt robur.*

§. 7.

Des vaines subtiltez & des tours de souplesse dont on use pour éluder les veritès incomodes.

I.

RIen ne décrie tant la Philosophie; & n'est effectivement plus capable de defigurer les siences, & d'en doner de l'éloignement aux esprits raisonables, que ces tours de souplesse & tout ce manege scholastique. Par là ce qui ne devroit être que l'art de s'éclairer, de se détromper, de se perfectioner l'esprit, & de se rendre à la verité, lors qu'elle paroît; n'est quasi plus, à force de subtiliser, de distinguer & d'éluder ; que l'art de se defendre de la raison, de s'aveugler, de se séduire, & de se retrancher contre la verité. Car que ne fait-on pas pour soûtenir le parti qu'on a une fois pris, quel qu'il puisse être? On n'examine plus s'il est seur, ou si l'on s'est trompé. C'est assez qu'on l'ait pris, pour le croire seur, & pour persister à le vouloir croire tel, malgré toute l'évidence des raisons contraires. Il seroit trop honteux d'en revenir, & d'avoüer qu'on s'est trompé; & plutôt que de le faire, il faut se doner cent mouvemens convulsifs.

6. *éclaircissemens.*

II.

Sans mentir ce procedé qui a presque préscrit dans les écoles, est bien extraordinaire. Rougir de se rendre à la verité : parce qu'on n'a pas eu l'honneur de la trouver, & qu'elle vient par un canal étranger : quelle honte ? aimer mieux vieillir dans l'erreur, que

6.
éclair-
cissement.

d'être detrompé par la main d'un autre : orgueil bien entendu ! comme Philosophe faire profession d'aimer la verité ; & inventer cent fausses subtilités pour l'éluder & ne se jamais rendre à ceux qui la proposent : quel paradoxe ! atacher une idée de foiblesse & une mauvaise honte à se laisser vaincre par la verité, ou par ceux qui l'ont decouverte : quel renversement d'esprit ! où se trouve la vraie honte, la foiblesse & la bassesse de cœur, si ce n'est à se laisser vaincre par l'erreur & le mensonge ? & où se trouve la vraie gloire, sinon à se laisser vaincre à la verité. Etre ainsi vaincu, n'est-ce pas devenir victorieux de l'erreur ?

III.

Mais l'oin d'entendre, ou de goûter ces maximes, on se bat sotement à la perche. Souvent même l'esprit ne pouvant plus se defendre; interieurement convaincu, on se defend encore par la langue: on fait bonne mine, malgré son mauvais jeu. On affecte une contenance assurée, un air de fierté: on passe même jusqu'à l'effronterie, pour faire croire qu'on a raison: car on est comme seur que celui qui crie le plus haut passe pour avoir raison dans l'esprit du plus grand nombre. On crie, on s'échaufe, on s'agite: on frape des mains; & lors qu'on n'en peut plus, on a des gens gagés pour en fraper, & pour imposer par leur vacarme, silence à ceux qui n'ont pour eux que la raison. Comme si la reputation de droiture, d'équité, & de bonne foi, qu'on pouroit s'acquerir, par un aveû sincere de sa méprise & de son erreur, n'étoit pas infiniment preferable à la fausse gloire que l'on met à ne se jamais rendre.

6.: éclaircissement.

IV.

Le parti que doit donc prendre un esprit solide, est de renoncer

6.
éclair-
cisse-
ment.

à toutes ces vaines subtilités, & à ces tours de souplesse ; & de ne se piquer que de sincerité, de droiture & d'amour pour la verité. *Relinque vana vanis.*

§. 8.

Des misteres inintelligibles, & des explications entortillées.

I.

ON ne doit pas avoir moins d'éloignement, ni de mépris pour ces misteres inintelligibles & pour ces explications entortillées du 8. article. Les Philosophes scholastiques ont crû s'atirer du respect & de l'autorité par ces obscurités ou forcées, ou affectées. En des mots qui ne signifient rien ; ils prénent plaisir à faire soupçoner de grands misteres. C'est particulierement dans les commentaires qu'il font sur les ouvrages des anciens, qu'ils mettent en usage cette manœuvre.
Reduits

Reduits à ne pouvoir expliquer que par de purs galimatias, des definitions, ou des propositions inintelligibles; ils font un vrai merite à ces Auteurs d'avoir parlé misterieusement; afin qu'on leur en fasse un de l'obscurité & de l'embaras de leurs explications. L'obscurité n'est respectable que dans les misteres de la Religion. Hors de là, elle ne merite que du mépris ; & doit justement faire craindre la fausseté & l'erreur.

6. éclaircissement.

II.

Enfin rien ne porte moins le caractere de la verité; que ces explications embarassées & ces voies detournées. La verité, dit saint Augustin, est trop proche de nous, pour se faire chercher par tant de detours : & elle est trop gratuite, pour se faire acheter à de si grands frais. *Ipsa veritas negat vel tantis ad se anfractibus, quæ tam proxima est : vel tantis sumptibus, quæ tam gratuita est, pervenire.* Le ca-

6. éclaircissement.

ractere des veritésnaturelles eſt la clarté, la netteté & l'évidence; & ce n'eſt que par un mauvais goût, qu'on eſt venu à ſoupçonner du merveilleux dans les tenebres; & à regarder l'obſcurité comme le ſceau de la verité.

§. 9.

Des details des divers ſentimens philoſophiques.

I.

Quant à ces longs & ennuyeux details des divers ſentimens des Philoſophes, dont on fait parade d'érudition, ſur châque queſtion agitée dans les écoles; il eſt certain qu'ils ſont peu dignes de l'aplication de ceux qui ne cherchent que la verité; & il ſeroit fort à ſouhaiter qu'on en voulût decharger les traités de philoſophie. Ce ſont marchandiſes de contrebande, qui plus agreables à l'imagination, que les verités toutes pures, s'atirent un plus grand nombre de marchands, font souvent prendre le change; & font même quelquefois, perdre absolument le goût de la verité.

6. éclaircissement.

II.

Ces divers sentimens sont ou d'Auteurs qui ont connu le vrai: ou de ceux qui ont doné dans l'erreur. Si c'est le premier: à quoi bon raporter tous ces sentimens? pretend-on par là, doner du relief aux verités naturelles? s'atend-on de leur atirer la creance des esprits, par le poids de l'autorité; ou la veneration des cœurs, par l'excellence des sufrages? l'un & l'autre est du moins inutile, pour ne pas dire injurieux à la verité. Elle a, par elle même assez de lumiere, pour s'assujetir nôtre esprit; & assez de charmes pour gagner nôtre cœur. Disons plus. Il n'y a qu'elle qui ait droit sur le consentement de nôtre esprit & sur l'amour de nôtre

6.
éclair-
cissement.

cœur. *Si la verité m'est precieuse* disoit autrefois saint Augustin : *ce n'est nullement parce qu'elle a esté conuë à Anaxagore : mais c'est par elle-même, & uniquement parce qu'elle est verité, qu'elle me doit être chere, nul des Philosophes ne l'eut-il jamais conuë.* *Non enim propterea veritas cara esse debet, quia non latuit Anaxagoram, sed quia veritas est etiamsi nullus eam cognovisset illorum.*

III.

Que si ces sentimens sont d'Auteurs qui ayent esté dans l'erreur : à quel propos en faire la liste? Est-ce pour s'en faire un titre d'érudition & de sufisance parmi ceux qui les ignorent? que cela est indigne d'un honête homme? *qu'il nous sied mal*, dit saint Augustin, *de nous faire une sotte vanité de rechercher & de savoir les erreurs des grands hommes! ne nous sieroit-il pas beaucoup mieux, étant hommes comme eux, de nous humilier & de nous afliger de leurs égaremens, lors que nous en entendons le recit?* *

IV.

Mais peut-être a-t-on besoin de ces details d'erreurs, pour s'en faire un chemin à la verité, & pour s'en rendre la possession plus seure par la defaite de ces monstres ? pure illusion, qui ne sert que de couleur à *la ridicule & honteuse vanité de se croire plus intelligent & plus habile, parce qu'on a la tête pleine d'anciennes erreurs, & de faussetés decrepites. Qu'il est bien plus beau & plus avantageux, plus court & plus seur.* dit saint Augustin, *d'aler directement à la verité, & d'aprendre d'elle-même les regles immuables sur lesquelles on peut faire absolument le procez au mensonge & à l'erreur.* *

* Cum si homines simus, magis nos contristari deceat tot & tam nobilitatorum hominum erroribus, si eos audire contigerit; quam præterea studiose quærere, ut inter eos qui illa nesciunt, jactatione inanissima ventilemur?

* Quanto melius atq; salubrius, quæso te, ipsas veritatis regulas multo certius, & brevius per se ipsas accipis, quibus falsa omnia possis ipse refellere; ne, quod fatuum & pudendum est, si multorum annosas & decrepitas falsitates, studio jactantiori, quam prudentiori didiceris, doctum atque intelligentem te esse arbitreris?

X iij

§. 10.

Des violentes refutations d'opinions fausses & extravagantes.

APrés ce que saint Augustin vient de nous dire du mépris qu'on doit avoir de ces erreurs decrepites; on voit bien ce qu'il faut penser de ces longues & violentes refutations qu'on en fait d'ordinaire dans les écoles. Pourquoi se tuer de refuter, ce qu'on ne devroit pas même raporter: ou du moins ce qu'il sufiroit de raporter, pour le refuter? pourquoi échaufer mal à propos la bile des jeunes gens contre des monstres qui donent plus de pitié, que de colere; & de l'idée desquels on ne devroit pas même salir leur imagination ? c'est donc encore ici où il faudroit renvoyer les maîtres & les écoliers directement à la verité: car, au sentiment de saint Augustin, *la simple conoissance de la verité sufit pour discerner & même pour renverser les plus monstrueuses erreurs, & les faussetés les plus inoüies dés qu'elles viennent à paroître.* *

6. *éclaircissement.*

* Cognitio veritatis omnis falsa si modo proferantur, etiam quæ prius inaudita erant, & dijudicare, & subvertere idonea est.

§. II.

De ce qui se trouve de Logique & de Morale, de Metaphisique & de Phisique dans les traités ordinaires de Philosophie.

I.

J'Ay dit que dans ces traités il se trouve de la Logique & de la Morale, de la Metaphisique & de la Phisique. J'ay voulu dire qu'il s'y trouve quelque chose de tout cela : car assurement il s'en faut beaucoup que ces disciplines n'y soient dans leur perfection.

II.

En effet qu'est-ce qu'une Logique qui n'aprend qu'à chicaner

& ergoter; & nullement à penser?

III.

Qu'eſt-ce qu'une Morale qui s'évanoüit en ſpeculations; qui ne va qu'à la ſurface de l'eſprit, & nullement au cœur; qui n'aprend qu'à penſer ſur quelques queſtions generales; & nullement à agir: qui ne nous fait conoître ni nôtre coruption, ni nos foibleſſes, ni le beſoin que nous avons de la grace & d'un puiſant mediateur?

IV.

Qu'eſt-ce qu'une Metaphiſique qui au lieu de fixer nettement & ſolidement les notions generales de l'être & de ſes proprietés, d'ordinaire ſi confuſes & ſi équivoques; au lieu d'établir les principes generaux des ſiences: au lieu d'apliquer l'eſprit aux ſolides & immuables verités, & l'acoûtumer à les aler puiſer à la ſource; ne s'ocupe que de vaines formali-

SUR LE I. TRAITÉ. 489
tés, que de creuses abstractions;   6.
& ne se repand gueres que dans éclair-
des disputes de mots: ou, si elle cisse-
descend en particulier, aux subs- ment.
tances intelligentes; elle ne nous
en parle que d'une maniere si ob-
scure & si confuse; que sur la notion qu'elle donne de l'ame raisonnable; à peine peut-on la distinguer du corps auquel elle est
unie ?

V.

Enfin qu'est-ce qu'une Phisique
qui n'est traitée que logiquement,
& qui n'explique les choses naturelles, que par les termes magi-
ques de *vertus occultes*, de *qualités*, de *puissances*, de *facultés*, d'*an-
tiperistases*, *&c.* Termes qui ne reveillent dans l'esprit, que de pures idées de Logique ?

X v

Section III.
Quelques regles sur la maniere de s'apliquer à l'étude de la Philosophie.

I.

DE Quelque maniere qu'on traite les diverses parties de la Philosophie; je souhaiterois toujours que les Solitaires en usassent sobrement, & qu'ils ne s'apliquassent, dans la Logique, qu'à ce qui peut rendre l'esprit juste: dans la Morale, qu'à ce qui tend à rendre le cœur droit: dans la Metaphisique, qu'à ce qui méne à la conoissance de Dieu, de l'esprit de l'homme, de la verité, des grands principes: & dans la Phisique, qu'à ce qui regarde la conoissance de l'homme: car à dire les choses comme je les pense; je n'estime guéres que cela dans toute la Philosophie. Le reste me paroît assez inutile, pour des Religieux. Il y a, dans la Phisique, quelque details dont on peut se faire un amusement, lorsque l'esprit en a besoin : mais je ne croirois pas qu'on dût s'en faire une ocupation serieuse, ni ordinaire.

6.
éclaircissement.

I I.
La seconde regle que je voudrois doner sur cette étude de la Philosophie ; ce seroit qu'on y fît plus d'usage de son esprit, que de sa memoire & de son imagination. La plûpart des écoliers n'y mettent gueres en œuvre que ces deux facultés. Ils se croyent fort habiles, s'ils ont pû aprendre par cœur, les sentimens : ou même les propres paroles de leurs maîtres. Les vains aplaudissemens qu'on leur donne, lors qu'ils ont réüssi à les reciter en public, ne les fortifient pas peu dans cette illusion. Il est vrai cependant qu'il n'en est gueres de plus grossiere. Un effort de memoire & d'imagination n'est

X vj

492 ECLARCISSEMENS

6. éclaircissement.

nullement un ouvrage de raison, ni de jugement. Toute cette espêce de sience & d'habileté ne passe pas les bornes de l'histoire; & je ne vois pas une fort grande diference entre savoir, par cœur, les divers sentimens d'un maître; & savoir l'histoire des mœurs des Siamois.

III.

Pour éviter cette illusion si commune dans les écoles, il faudroit s'exercer à faire usage de son esprit & de sa raison : puisque ce n'est principalement que par là, qu'on est homme ; & voicy de quelle maniere on pouroit s'y prendre.

IV.

Dés que le Maître propose une question, je voudrois, 1. qu'on s'apliquât à bien entendre ses termes, & à s'en former une idée bien nette.

2. Que sans aler plus loin; & avant que de lire la resolution que

le Maître a donée de cette question; on s'efforçat de la refoudre, par foi-même.

6. éclaircissement.

3. Qu'afin d'y réüffir, on retranchât tout ce qui eft inutile à fa décifion; & qu'on la reduisît aux termes les plus fimples.

4. Qu'alors recüeilli dans fon fond & redoublant fon atention, on envifageât la queftion par toutes fes diferentes faces.

5. Qu'on parcourût, comme d'une fimple vûë, tous les divers côtés & les diferens rapotts qui peuvent fervir à la refoudre: car il fera malaifé que dans cette revûë; on n'en trouve quelcun propre à doner l'éclairciffement de la queftion.

6. On verra enfuite de quelle maniere le Maître l'aura refoluë.

7. On comparera fa decifion avec ce qu'on en a penfé; car il faut que les Maîtres trouvent bon qu'on examine leurs fentimens à la faveur de cette lumiere

qui éclaire tous les hommes.

8. Que si l'on trouve qu'on n'ait pas esté au but : on s'en humiliera, & l'on se redressera.

9. Que si au contraire on a esté assez hureux pour doner dans le vrai; on en remerciera le maître intérieur à qui l'on en est redevable, & par qui l'on y a esté conduit : car au sentiment de saint Augustin & de la verité même, nous n'avons tous qu'un seul maître : & les plus habiles hommes du monde ne sont, à nôtre égard, que de simples doneurs d'avis qui nous avertissent de consulter ce maître, pour en être éclairés. *De uniuersis quæ intelligimus, non loquentem qui personat foris : sed intus ipsi menti præsidentem consulimus veritatem, verbis fortasse ut consulamus admoniti.*

V.

A l'égard des propositions qui ne demandent pas tant d'examen & qu'on apelle verités de simple vûë; parce qu'elles n'ont besoin que d'un simple regard pour se faire recevoir; l'usage d'esprit qu'on en doit faire, ne doit pas se borner à les placer dans sa memoire. Il est beaucoup plus important d'y faire de frequentes reflexions, non pas pour examiner si on les recevra: mais pour s'en laisser penetrer, & se les rendre comme naturelles; pour en aprofondir le sens, la force & l'étenduë: pour percer dans les consequences & les pousser autant loin qu'il se peut.

éclaircissemens

VI.

Un jeune homme qui s'apliquera ainsi à la Philosophie, n'a que faire de se mettre en peine s'il a de la memoire, ou non. Il se trouvera si vivement frapé des veritès qui se presenteront & qu'il aura decouvertes par cette metode: il s'y rendra si sensible: il remarquera entre-elles, des liaisons si necessaires; & par le travail de son

6.
éclaircissemens

atention, il s'acquerera sur elles, un droit si legitime, que dés qu'il entendra parler de quelque chose qui aura raport à quelcune d'entre-elles; non seulement celle-cy; mais aussi toutes celles avec qui elle a liaison se presenteront par ordre à son esprit.

VII.

Une derniere regle qui regarde également l'étude de la Theologie & celle de la Philosophie, est d'éviter le defaut d'entêtement si ordinaire à ceux qui ont esté élevés dans les écoles. On se pique d'être invariable dans ses sentimiens: on se fait un honeur de ne revenir jamais de ceux qu'on a une fois embrassés, de quelque fausseté qu'on puisse les convaincre: & rien cependant n'est plus indigne d'un homme raisonable, que cette aveugle immutabilité. Qu'on l'apelle tant qu'on voudra, constance & force d'esprit: rien d'ordinaire n'en marque mieux la foiblesse: rien n'étant plus foible, que de resister à la verité. En efet pour prononcer juste sur un tel aheurtement, il faut dire que c'est un retranchement inaccessible à la lumiere de la verité; un bouclier impenetrable à ses traits; une cuirasse à l'épreuve des meilleures raisons ; une redoute portative contre le bon sens : en un mot, un titre specieux pour vieillir & blanchir avec honneur dans les plus grossieres erreurs.

6. éclaircissement.

VIII.

Qu'un esprit raisonable est éloigné de ces dispositions ! Il n'épouse de sentimens que ce que l'évidence ne lui permet pas d'en refuser. Loin de se piquer de cette stupide immobilité, il met son honeur, non pas à ne jamais changer : mais à se conserver assez de liberté, pour être toujours en état de changer, dés que la verité l'invite à quiter l'erreur.

Qu'on ne s'imagine pourtant pas

6. éclaircissement.

que je veüille par là, autoriser la legereté. Je ne la desaprouve pas moins que cette excesive immutabilité. Voicy les justes bornes que je voudrois garder.

IX.

Il y a des cas où l'on ne doit jamais changer; & où l'on peut justement se faire un honeur de sa fermeté.

En matiere de Theologie, les dogmes de la foy étant fondés sur la parole de Dieu essentiellement immuable, demandent de nous une fermeté à toute épreuve. Mais à l'égard de tout ce que l'Eglise abandonne à la dispute des Theologiens; quoi qu'on ne doive rien oublier pour prendre le parti le plus conforme à l'analogie de la foy, & pour ne l'abandoner pas legerement; on ne doit neanmoins le prendre que dans la disposition de l'abandoner, je ne dis pas simplement, lors que l'Eglise l'aura reprouvé; mais même dés que par le soin, l'aplication & les recherches des hommes d'étude, le parti oposé sera devenu assez lumineux, pour rendre l'autre insoûtenable; ou pour devenir lui-même plus recevable.

6. *éclaircissement.*

X.

Il en faut dire, à proportion autant de ce qui regarde la Philosophie. Les premiers principes, les notions communes, les verités éternelles, les propositions qui par une consequence necessaire resultent des uns & des autres; tout cela étant marqué au coin de l'évidence, demande de nous un invariable atachement. Mais à l'égard de tout ce qui n'est que d'opinion & de conjecture (comme l'est presque toute la Phisique) quoiqu'on ne doive rien omettre pour prendre le parti le plus conforme à la raison; & aux regles de la mécanique, dans la Phisique; & que ce parti une fois pris ne doive pas être legerement abandoné; on

6.
éclair-
cisse-
ment.

doit neanmoins toujours se conserver assez de suspension de jugement & de liberté d'esprit, pour changer, dés que de bonnes raisons, ou d'exactes experiences feront voir la fausseté de ce sentiment. Et la pretenduë fermeté, en ce cas, ne seroit qu'un aveugle aheurtement, & qu'une sote immobilité, qui ne marqueroit ou qu'un fond de vain orgueil, ou qu'une extrême petitesse d'esprit: ou qu'un honteux esclavage, & une vraye impuissance de suspendre son consentement.

ECLAIRCISSEMENS
sur le 2. traité.

I. ECLAIRCISSEMENT.
Sur ce que quelques persones se font plaintes qu'il y a dans ce traité trop de Metaphisique.

I.

COmme tout le monde n'atache pas la même idée au terme de *Metaphisique*; & que la diversité de ces idées est grande; il n'est pas aisé de satisfaire directement à ces plaintes: parce qu'on ne peut pas deviner sous quelle idée ce terme a esté pris: le mieux qu'on puisse faire, est de s'expliquer par raport à celles qui sont les plus ordinaires, & dont on fait le plus d'usage.

II.

Il y a des esprits qui traitent de Metaphisique tout ce qu'ils

I. éclaircissement.

ont le malheur de ne pas entendre; & comme ils ont celui d'être d'une intelligence tres bornée; ils font fujets à trouver bien de la Metaphifique, où le refte du monde n'en trouve point. Ce grand terme ne leur fert qu'à couvrir honorablement leur defaut de lumiere; & à leur faire croire qu'on les quitera aifément de leur infufifance fur certains fujets; dés qu'ils les acuferont d'être Metaphifiques: parce qu'ils font perfuadés que le Metaphifique & l'intelligible eft, pour tout le monde, précifément la même chofe. C'eft donc ce qui a pû ariver à certaines perfonnes, fur la peine qu'ils ont eu à entendre le fecond traité de la conoiffance de foi-même. Et je veux bien ne leur ôter pas la confolation ni le plaifir de s'en prendre à fa pretenduë Metaphifique.

III.

Il peut bien fe faire qu'il fe trouvera encore des gens qui apeleront *éclair-* Metaphisique, dans ce traité, le *cisse-* detail des diverses parties qui *ment.* composent l'homme, & l'explication de leurs diferentes fonctions : mais à prendre le terme de Metaphisique en ce sens ; pourquoy se plaignent-ils qu'un traité de la conoissance de l'homme soit Metaphisique ? ne le doit-il pas être ? & peut-il ne l'être pas, s'il est juste & exact ? pourquoi ces Messieurs sont-ils eux-mêmes si Metaphisiques ? peut-on se dispenser de les representer tels qu'ils sont ? qu'ils s'en prenent donc à eux-mêmes : qu'ils se plaignent d'eux-mêmes ou du grand ouvrier qui leur a doné un être si Metaphisique : puisque dans ce traité qui les choque si fort, on ne fait que developer ce que cet être renferme, & ce que le souverain ouvrier y a mis.

IV.

Un Peintre peut il se dispenser de marquer dans son portrait, les traits qu'il trouve dans son original? lui est-il permis de les deguiser, de les flater, de les estropier, pour rendre le portrait plus aimable ? la description sincere & naturele de toutes les parties de l'homme *est trop Metaphisique.* Quelle pauvreté! sans mentir Dieu a eu grand tort de faire l'homme si Metaphisique! Il devoit lui donner un esprit qui n'eut point de pensées, & un corps qui n'eut point d'organes. Cela nous auroit dispensé de faire la description des unes & des autres, description si chagrinante & si Metaphisique. Rien peut-il mieux justifier la necessité du Traité *de la conoissance de soi-même?* Rien peut-il mieux faire voir jusqu'à quel point l'homme se méconoît, que de le voir se prendre pour un phantôme, & pour une chimere, dés qu'on le represente tel qu'il est? je dis *pour une chimere*: car Metaphisique & Chimerique est trés souvent pour

lui--

lui la même chose. Cessez, mon pauvre homme d'estre ce que vous estes ; & l'on cessera de mêler ce que vous apelez Metaphisique, dans les traités qui vous regardent. En un mot: cessez de haïr *le Metaphisique* dans la description de l'homme : ou commencez à vous haïr vous-même comme le plus Metaphisique de tous les êtres.

1. *éclaircissements*

V.

Que penseroit-on d'un homme qui aprés avoir souhaité qu'on lui expliquât ce que c'est qu'une orgue, aprés en avoir entendu developer clairement toutes les parties, & leurs divers raports ; sous pretexte que dans cette explication on se seroit servi des termes de *sommiers*, de *porte-vents*, de *soupapes*, de *languettes*, de *touches*, de *pedales*, & de tous les divers noms des diferens jeux, tous termes de l'art, s'efrayeroit & se recrieroit : bon Dieu ! que cela est

I. Éclaircissement.

Metaphifique ! une pareille exclamation ne feroit-elle pas regardée comme fort judicieufe, & d'un homme bien fenfé ? Celles qu'on fait fur la prétenduë Metaphifique de l'anatômie de l'homme ne font pas plus raifonables. Il y a feulement entre les unes & les autres cette diference, qu'on n'eft point obligé de favoir comment un orgue eft compofée; au lieu qu'on n'eft gueres excufable d'ignorer de quelles parties on eft formé; & qu'il n'y a point d'homme raifonable qui ne doive du moins fouhaiter de conoître la nature, le détail, l'union & les raraports de ces parties.

VI.

Enfin par le terme de Metaphique, les habiles gens entendent ce qui eft purement intelligible; ou des raifonemens uniquement fondés fur des idées toutes fpirituelles & parfaitement independantes des impreffions fenfibles.

A prendre donc ce terme en ce sens; j'avouë que dans le second traité de la conoissance de soi-même il y a quelque Metaphisique: mais loin que cela lui fasse tort, ou qu'on ait sujet de s'en plaindre; s'il a quelque merite ; ce n'est gueres que par ces endroits. On ne sait proprement & parfaitement, que ce qu'on sait metaphisiquement : je veux dire que ce qu'on sait sur des idées purement intelligibles. Il n'y a que ces idées qui soient necessaires, infaillibles, éternelles, & immuables. Les idées de sens sont passageres, incertaines, changeantes, seduisantes & presque toutes fausses. Or il est visible qu'en raisonant juste, il est autant dificile de ne se pas tromper sur ces dernieres idées; qu'il est impossible de se méconter en suivant les premiers. Ce n'est donc que sur ces idées qu'on sait proprement ce qu'on sait. Ce n'est que ces idées qui produisent

1. éclaircissemens.

la fience & qui donent de vraies demonſtrations. Toutes les autres n'enfantent que l'erreur, l'illuſion, ou, tout au plus, des opinions, des vrai-ſemblances, des probabilités. Et puis fiez-vous à cette fauſſe delicateſſe pour la Metaphiſique.

VII.

Qu'il eſt à craindre que ce degoût pour les fiences abſtraites ne ſoit une des ſources ſecrêtes de cet injuſte degoût que l'on a d'ordinaire pour la pieté! la vraye devotion & la ſolide pieté ſont du moins autant metaphiſiques que les fiences les plus abſtraites. Qu'on ne s'y trompe pas : les vrais objets de la pieté ſont la verité, la juſtice, la ſageſſe. Y a-t-il rien de plus élevé, ou de plus abſtrait? noſtre Dieu, le Dieu que nous adorons, & qui fait l'objet de nôtre culte, eſt un Dieu caché : un Dieu qui ne ſe cache, que pour nous obliger à le chercher avec toute l'atention & l'aplication dont nous sommes capables : un Dieu qui n'a rien ni de sensible, ni d'imaginable : je veux dire qui ne tombe ni sous les sens, ni sous l'imagination ; & qu'on ne peut trouver (ainsi que saint Augustin l'a si bien montré) qu'en s'élevant audessus & de ceux-là, & de celle-cy : en un mot, un Dieu qu'on ne peut joindre que dans les idées les plus pures & les plus intelligibles. Comment donc avec un si grand degoût de la Metaphisique, n'en auroit-on pas de la pieté & de la devotion ? & y a-t-il quelque raison & quelque prudence à entretenir une delicatesse, qui donne tant d'indisposition pour le plus important & le plus essentiel des devoirs de la religion ?

1. éclaircissement.

VIII.

On a beau dire : il faut se familiariser avec ces idées purement intelligibles si l'on veut remplir ses devoirs, & avancer dans la

1. éclaircissement.

pieté. La vraye adoration ; l'adoration en esprit & en verité ne peut subsister, sans quelque metaphisique ; & les plus parfaits Chrétiens sont les plus metaphisiciens, souvent sans le savoir. Je dis sans le savoir : car quand Dieu ouvre le cœur à la verité & à la justice, comme il fait à mille bonnes ames ; il leur done bien-tôt de l'une & de l'autre une idée pure, & une intelligence degagée de toute image & de tout phantôme : idée cependant vive & aplicante & qui fait l'hureux objet de leur amour. Et ainsi tout ocupées de cet objet, & sans reflexion sur leur maniere de penser & de s'en ocuper; il est certain qu'elles sont tres-metaphisiciennes sans s'en apercevoir.

II. ECLAIRCISSEMENT.

Sur la necessité ou l'utilité de la conoissance de l'homme selon le phisique, pour sa conoissance selon le moral.

I.

ON n'a pas manqué de m'oposer, sur cela, ce que je me suis moi-même objecté, & que je croïois avoir sufisamment éclairci, dans le premier traité.

Quoi donc, se recrie-t-on, *faut-il être Philosophe pour se conoître soi-même selon le moral? faut-il être Phisicien pour savoir les regles de morale, & pour les mettre en pratique? la morale Chretiene n'avoit-elle pas ses regles avant ces conoissances Phisiques; & les mêmes qui naissent de cette conoissance?*

II.

Il est aisé de répondre qu'il y a

2.
éclair-
cisse-
ment.

une extrême diference entre a-vancer que *la conoissance de l'homme selon le phisique, est necessaire à sa conoissance selon le moral*; & dire qu'*elle est necessaire à la pratique de la morale & à la conoissance de ses regles.* J'ay dit le premier : parce que j'en suis persuadé. Pour le second, j'ay dit precisement le contraire dans l'objection que je me suis faite, page 136. & je m'y suis retranché à dire que ces conoissances phisiques ont de grandes utilités ; & que *le reste étant égal, celui qui les possede a de grands avantages audessus de celui qui en est privé, pour la pratique de la vertu & le progrez dans la perfection.*

III.

Il est vrai que la morale Chrétienne avoit ses regles avant que la sience de l'être phisique de l'homme fût dans la perfection ou elle est aujourd'huy. Il est encore vrai que ces regles étoient les mêmes que celles qui naissent naturellement de cette fience: mais c'eſt qu'elles avoient eſté formées ſur la conoiſſance de l'être naturel de l'homme; & preſcrites par l'homme du monde qui conoiſſoit mieux le fond de la nature humaine: je veux dire par Jesus-Christ.

2. éclairciſſement.

IV.

D'ailleurs il y a une grande diference entre pratiquer des regles: parce qu'on nous dit qu'il faut les pratiquer; & en faire uſage avec conoiſſance de cauſe; & par la vûë claire de leur neceſſité & de leur raport avec nos beſoins, nos defauts, & nos dereglemens. L'un eſt beaucoup plus ſolide, plus utile, plus vivement apliquant, que l'autre. Quand on n'a point cette vûë claire, de leur neceſſité, & de leur utilité; il eſt aiſé qu'on ſe flate de devenir ſpirituel & parfait, ſans tant de gênes & de ſeveritésn Il eſt aiſé qu'on ſe diſe que Jesus-Christ ne les a preſcrites, que par un goût qui lui étoit particulier : ou que pour plus grande precaution : ou peut-être même par chagrin. Et plût à Dieu, qu'il n'y eut pas tant de Chrétiens qui negligeassent ces regles sous quelcun de ces pretextes! Mais quand on voit clairement que la necessité de ces regles est fondée sur la nature de l'homme & sur sa coruption : l'on voit bien aussi, je dis même sans la foy, qu'elles sont indispensables pour ariver à la perfection & à la beatitude; & cette vûë est tout autrement pratique, & bien plus aplicante.

V.

Enfin il faut prendre plaisir à se crever les yeux, pour ne pas voir que la conoissance de la maniere dont se forme & s'entretient une passion : le discernement de ce que le corps & l'esprit y contribuënt : la vûë du detail de tous les mouvemens & de tous les sentimens qui y entrent, donent toute une autre facilité à reprimer ces passions (suposé les secours égaux) que le simple commandement de les mortifier.

1. éclaircissement.

VI.

Commé la plûpart des gens croyent que les passions ne s'excitent que parce qu'ils le veulent; ils ne doutent pas aussi qu'ils ne puissent les arèter, dés qu'ils le voudront. Ils n'observent ni quels sont les ressorts qui se debandent alors dans leur machine; ni quelles sont les causes qui les debandent; ni quelle est la liaison de leurs sentimens avec le mouvement de ces ressorts. Ils se croyent les maîtres de ce mouvement, de ces sentimens, & de tout ce jeu. En un mot ils se flatent qu'ils se conduisent eux-mêmes, pendant que souvent ils sont emportés par une suite de causes imperceptibles : ou plutôt non aperçûës, &, pour parler ainsi, inobservées, faute de reflexion & d'instruction,

2.e éclaircissement.

& dont l'efet ne peut gueres être arêté qu'en alanr à la premiere de ces causes.

VII.

On se tuë de redire que tout le monde n'est pas capable d'entrer dans cette discusion, dans ces details, & dans cette foule d'idées abstraites.

Mais c'est encore une fois abuser du mot d'abstrait, que de le doner si liberalement & si absolument au 2. traité de la conoissance de soi-même. Il n'y a d'abstrait, dans ce traité, que la nature de l'ame : tout le reste tombe sous les sens, ou sous l'imagination : & pour l'ame, je defie qu'on me fasse voir que je l'aye faite plus abstraite, que Jesus-Christ ne l'a faite. Il a enseigné non seulement aux savans; mais indiferemment à tout le monde, que l'ame ne tient rien du corps, qu'elle n'a rien d'étendu, ni de divisible, ni de coruptible : que quelques cruautés qu'on exerce sur le corps, quelque division, quelque massacre, quelque destruction, quelque incendie que l'on en fasse, rien de tout cela ne passe jusqu'à l'ame; & qu'enfin la rage & les tourmens des plus cruels boureaux, ne peuvent aler jusques à la faire perir. * Qu'est-ce donc que j'ajoûte à cette idée de l'ame, dont JESUS-CHRIST a retranché tout le sensible; & sur laquelle tant d'esprits ne trouvent nulle prise? j'ajoûte qu'elle est *le principe de la pensée*: ou que c'est *un être pensant*. Est-ce là donc la rendre plus metaphisique? & n'est-ce pas au contraire la rendre reconoissable, &, pour ainsi dire, aisée à manier? car que sent-on mieux & que peut-on moins ignorer que sa pensée?

2.ᵉ éclaircissement.

* Occidunt corpus, animam autem non possunt occidere.

VIII.

On opose que JESUS-CHRIST *ne s'est servi que d'idées sensibles pour enseigner la Religion.*

2. éclair-cissemens.

Mais c'est n'y pas songer, que d'avancer un tel parodoxe. Jesus-Christ s'est porportionné à la portée de ceux qu'il instruisoit. Voyez ce qu'il dit à Nicodeme. Rapelez sa conversation avec la Samaritaine. Quelle idée lui done-t-il du vrai Dieu, & du culte dont il veut être servi ? repassez tout le Sermon de la Cêne ; & voyez s'il y a rien de plus élevé, de plus sublime, de plus spirituel, de plus abstrait & de plus metaphisique. Il est vray que pour s'ajuster à la portée des esprits les plus grosiers, qui font toujours le plus grand nombre, il parloit souvent du royaume de Dieu sous des idées sensibles ; mais outre qu'il leur marquoit assez que ce n'étoient que des Paraboles, qui cachoient des verités fort élevées ; il declare nettement que le royaume de Dieu, la vie éternelle ne consiste qu'à conoître, & aimer Dieu & son Fils Jesus-Christ.*

* Hæc est vita æterna ut cognoscant te verum Deum & quam misisti Jesum Christum.

Il predit que dans cette vie immortelle il n'y aura ni aliances charnelles, ni rien de semblable; qu'on y sera (quoi-que avec un corps) dans un aussi grand degagement de tout le sensible, que les Anges de Dieu, ces purs esprits.

éclaircissement.

JESUS-CHRIST nous a donc doné, par là, le modêle d'instruire les peuples; & l'on est presentement d'autant plus obligé à le suivre, que les esprits d'aujourd'huy sont plus disposés à entrer dans ces idées spirituelles; que n'étoient les Juifs grossiers & charnels, à qui JESUS-CHRIST parloit.

IX.

On ajoûte que *depuis le peché, l'homme n'a presque plus d'idées que des corps.*

JESUS-CHRIST a donc bien perdu son tems, de nous prêcher que l'ame ne tient rien du corps; & que Dieu est un pur esprit. Tous les hommes ont les mêmes

2. éclaircissement.

idées. Il n'y a qu'à les leur develloper & les obliger à y faire atention. Il est vrai que nous ne conoissons pas nôtre ame par idée: mais la conoissance que nous en avons par sentiment, sufit pour nous persuader qu'elle ne tient rien du corps, & qu'elle n'a nulle des qualités de l'étenduë.

X.

On en apelle, sur cela, à saint Augustin. Tres-volontiers: je l'en prends pour juge. Qu'on jette seulement les yeux sur ses Lettres à Nebridius; & l'on verra s'il ne regarde pas comme un des plus importants devoirs de la morale, celui de travailler à se defaire de ses idées sensibles, à renoncer aux impresions des sens, & à guerir les playes qu'ils nous ont faites dans le cerveau; & s'il ne souhaite pas que les Chrétiens s'en fassent un saint exercice. *Resistere plagis inflictis per sensus, quæ nobis est sacratissima disciplina.*

XI.

Il faut donc, dit-on encore, *conclure qu'avant Descartes la morale Chrétiene étoit fort imparfaite.*

Quelle conſequence ? De ce que la conoiſſance de la nature de l'homme eſt neceſſaire à la conoiſſance de ſon être moral, & de ce qu'elle donne de grands avantages pour la pratique de la vertu, & pour le progrez dans la perfection ; s'enſuit-il qu'avant Descartes nôtre morale fut fort imparfaite ? la morale Chrétiene a toujours eſté la même depuis que JESUS-CHRIST l'a enſeignée : mais la pratique en a pû être diferente. On a pû avoir, en de certains tems, des facilités pour cette pratique, qu'on n'a pas eu en d'autres. Pourvû que ces facilités n'aillent pas au relachement de la morale ; à l'affoibliſſement de la penitence ; à diſpenſer de l'auſterité, de la vigilance & du travail ; pourvû qu'elles ne con-

2. Eclair-cisse-ment.

siſtent que dans une plus juſte, plus ſuivie, & plus ſeure aplication de tout cela; elles n'ont rien que de loüable & d'eſtimable. Et c'eſt pour cela que la providence a, de tems en tems, ſuſcité des hommes ſpirituels qui ont compoſé des ouvrages methodiques pour faciliter, en ce ſens, la pratique des vertus & le combat des vices & des paſſions. Ce ſont des lumieres & des ſecours dont elle veut que l'on faſſe uſage, & qu'on lui tienne conte.

XII.

Suivant le ſtile de cette conſequence, il faudroit rejetter non ſeulement toutes les morales methodiques *d'Alet, de Grenoble, &c.* toutes les *regles de ſaint Charles Borromée pour les Confeſſeurs*; toutes *les introductions à la pieté & à la vie devote*; *les combats ſpirituels*, tous *les eſſais de morale*, où l'on fait tant de nouvelles decouvertes dans le cœur de l'homme;

il faudroit encore faire main basse sur tous les raisonnemens en matiere de religion, & sur la Theologie scholastique qui constamment a ses utilités. Pour renverser tout cela, il n'y auroit qu'à dire, suivant ce stile ; c'est à dire, qu'avant les scholastiques, nôtre Theologie étoit fort imparfaite ; avant *saint Charles*, on n'entendoit rien à confesser ; avant saint François de Sales, on ne savoit ce que c'étoit que devotion : avant Monsieur *Nicole*, nôtre morale étoit fort imparfaite, &c. Non : rien n'est moins raisonable que ces manieres de raisoner. Dieu veut que son Eglise croisse en lumieres, non pas par la revelation de nouveaux dogmes : mais par l'éclaircissement des verités speculatives, & par de nouvelles ouvertures pour le severe exercice de la vertu. Au commencement de l'Eglise, la grace étant plus abondante, tenoit lieu de tout ce-

2ᵉ éclaircissement.

2.
éclaircissement.

la : mais presentement, il veut que la raison, l'étude & les reflexions servent à la grace.

XIII.

On revient encore à dire que *tout le monde n'est pas capable d'entrer dans cette philosophie & dans ces idées abstraites.*

Mais c'est, encore une fois, abuser des termes de philosophie & d'idées abstraites. Je l'ay déja dit : mais on ne peut trop le redire ; on devroit mourir de honte de regarder comme philosophique & abstrait, le detail des parties dont on est composé ; & de s'imaginer qu'on nous mêne dans le païs des ombres & des chimeres, lors qu'on ne nous mêne qu'en nôtre païs.

Aprés tout, je ne pretends pas écrire pour tout le monde, si par *tout le monde*, on entend aussi le menu peuple, les gens grossiers & sans éducation. Pour faire des livres pour ce *tout le monde*, il faudroit se reduire à de simples recits historiques, à de purs contes, ou à d'éternelles declamations sur les quatre fins de l'homme. Encore quand on auroit fait un livre sur ce ton & pour tout ce monde ; il est certain qu'il ne seroit point pour tout le monde. Les esprits un peu audessus du commun ne le regarderoient seulement pas. C'est donc une chimere que de vouloir faire un livre pour tout le monde. S'il est à la portée du peuple ; les esprits élevés le mépriseront. S'il est proportioné à l'élevation de ceux-cy : le peuple n'y entendra rien. Il faut donc opter, quand on écrit. C'est une necessité. Dans cette obligation, j'avoüe que j'ay eu particulierement en vûë les gens d'esprit, de discernement & d'intelligence. Cependant j'ay taché de rendre si clairs les sujets dont j'ay traité ; que pour peu qu'on n'eut pas l'esprit bouché ; pour peu qu'on voulût s'apliquer à se conoître ; on pût me suivre &

éclair-cisse-ment

2. éclaircissement.

m'entendre. Et effectivement j'ay eu la consolation que des femmes d'esprit sans autre philosophie, que ce que la raison en donne naturellement, m'ont parfaitement compris.

III. ECLAIRCISSEMENT.

Sur ce que dans le second traité j'ay prouvé l'immortalité de l'ame par sa spiritualité, & sa spiritualité par la pensée. Où

L'on fera voir qu'on n'a nulle raison solide d'atribuer ni la conoissance ni l'immortalité à l'ame des bêtes: au lieu qu'on ne peut raisonablement se dispenser de doner l'une & l'autre à l'ame de l'homme.

UNe persone d'esprit m'ayant fait l'honeur de m'écrire

qu'un libertin pouroit m'embaraſ- ***3.***
ſer par l'exemple des bêtes; & *éclair-*
m'aïant raporté les objections qu'- *ciſſe-*
il pouroit me faire; je ne ferai gue- *ment.*
res que tranſcrire ici ce que je lui
répondis & l'éclairciſſement que
je donay à ſes difficultés. Le voicy.

I.

Je crois, Monſieur, avoir prouvé d'une maniere invincible, dans le 2. traité de la conoiſſance de ſoi-même, que le corps eſt incapable de ſentiment, & qu'il n'y a qu'une ame parfaitement ſpirituelle & penſante qui en ſoit ſuſceptible. Vous paroiſſez même en convenir: mais ſur cela, ce qui ſe paſſe dans les bêtes vous embaraſſe, & vous croyez qu'*un libertin m'embaraſſeroit auſſi, & m'obligeroit à reconoître, ſuivant mes principes, ou que l'ame des bêtes eſt immortelle, ou que celle de l'homme eſt mortelle.*

II.

Mais, Monſieur, j'oſe vous dire,

3.
éclair-
cisse-
ment.

sans trop de presomtion, que je ne m'en embarasserois pas un moment. Qu'à l'alternative de ce libertin, je répondrois, tout court, *ni l'un ni l'autre.* Et que comme il ne pouroit l'établir que sur ce qu'il doneroit du sentiment aux bêtes, sentiment qui est une vraye espêce de pensée; je lui nierois absolument cette suposition : & il ne la prouveroit de ses jours, que par quelques mouvemens des bêtes, & quelques tours de souplesse qui ne furent jamais des sentimens.

III.

Je ne craindrois donc nullement l'embaras pour moy : mais je vous avouë que je le craindrois pour ce libertin, s'il étoit trop entêté du sentiment & de la conoissance des bêtes. Cependant s'il avoit quelque justesse d'esprit; & que dans la recherche de la verité, il contât plus sur le témoignage de sa raison, que sur celui de ses sens ; voicy

voicy de quelle maniere je voudrois le tirer d'affaire.

éclaircissement.

IV.

Vous avez pû, lui dirois-je, remarquer que j'ay prouvé d'une maniere claire & évidente, que le corps ne peut sentir; & qu'il n'y a qu'une ame pensante & toute spirituelle qui en soit capable. Vous savez de plus avec une pareille évidence, qu'il y a en vous quelque chose qui sent le plaisir & la douleur. Vous étes donc certain de la plus grande certitude, que vous avez une ame pensante & toute spirituelle. En faut-il davantage pour la juger immortelle?

V.

Sur cela ce qui se passe dans les bêtes vous embarasse. Vous croyez qu'elles sentent comme vous; & par là vous jugez ou que leur ame est immortelle, comme la vôtre: ou que la vôtre est mortelle comme la leur.

3.
Éclair-
cisse-
ment.

Mais sur quoi fondez-vous la creance de leur sentiment ? en avez-vous évidence ? le voyez-vous en lui-même : ou seulement par consequence ? le voyez-vous comme vous voyez le vôtre ? Eh ! comment le vêriez-vous ainsi ? vous ne voyez pas même, d'une vûë immediate, les sentimens des hommes, qui vous sont beaucoup plus semblables que les bêtes : & rien ne vous est plus ordinaire que de vous y méconter, & de leur atribuer des sentimens tout contraires à ceux qu'ils ont actuellement.

VI.

Que voyez-vous donc de net, de clair & d'incontestable dans les bêtes ? des mouvemens ; & rien plus. Tout ce que vous raportez de plus surprenant de leurs singeries & de leurs adresses, ne se reduit qu'à de purs mouvemens mécaniques ; & tout ce que vous leur donez au-delà, avec tant de profusion, ne roule que sur des conséquences frivoles & de foibles conjectures.

3. éclaircissement.

VII.

Et ne me dites point, s'il vous plaît, que ces mouvemens sont si semblables à ceux qui, dans les hommes, se trouvent liés avec leurs divers sentimens ; qu'on a lieu de conjecturer qu'ils sont joints à de pareils sentimens dans les bêtes. Car, 1. s'il n'y a nul raport essentiel, nulle liaison necessaire d'un mouvement à un sentiment; il est visible que des plus surprenants mouvemens on ne peut jamais évidemment inferer le moindre sentiment. Or il est certain que du mouvement au sentiment il n'y a ni raport essentiel, ni liaison necessaire : puisque comme je l'ay prouvé dans le second traité, le mouvement n'est qu'une maniere d'être de la substance étenduë ; & le sentiment une maniere d'être de la

3. éclaircissement.

substance pensante; & qu'entre ces deux substances, il n'y a, comme on l'a vû en cet endroit, nul raport essentiel, nulle liaison necessaire.

VIII.

2. Si ces mouvemens sont tres-équivoques non seulement dans les bêtes; mais même dans les hommes; il est visible qu'on ne peut sur ces mouvemens fonder nulle vraye certitude. Or rien n'est plus équivoque que ces mouvemens; je dis même dans les hommes. Ils s'y trouvent tres-souvent joints avec des sentimens tout diferens de ceux qu'on y soubçonne; & quelque fois même ils y sont sans aucun sentiment. On voit tous les jours des gens qui joignent aux plus cuisans sentimens de chagrin & de douleur, les mouvemens du ris & de la joye. D'autres joignent aux sentimens d'une vraye joye & d'un vray plaisir, les airs d'afliction

& les mouvemens des larmes. Il s'en trouve enfin qui ont si bien l'art de se contrefaire, qu'ils rient sans aucun sentiment de joye: qu'ils pleurent sans douleur & sans affliction; qu'ils se donent les plus violens mouvemens de colere & d'emportement, sans la moindre émotion interieure. Y eut-il donc jamais rien de plus équivoque que ces mouvemens ; & peut-on sur un plus frivole fondement doner du sentiment aux bêtes?

3. éclaircissement.

IX.

3. En effet, si ces mouvemens sont si équivoques dans les hommes, que la plûpart du tems ils ne signifient rien moins que ce dont ils ont l'air ; combien plus le doivent-ils être dans les bêtes? ou plûtôt combien plus ceux des bêtes doivent-ils être éloignés de la signification que nous avons acoûtumé de leur doner dans les hommes, qui sont d'une nature si diferente & si superieure à celle

des bêtes? quelle feureté y a-t-il donc à juger de leurs fentimens par leurs mouvemens?

X.

4. Une des plus grandes peines qu'ayent les plus habiles Philofophes fur l'union de l'efprit & du corps, eft de comprendre comment des fentimens, qui certainement font des manieres d'être d'une fubftance penfante, ont pû être liés avec des mouvemens, qui conftamment font des manieres d'être d'une fubftance étenduë : & l'on ne peut s'en tirer, qu'en recourant à une fouveraine puiffance, & faifant intervenir le bras du Tout-puiffant, pour lier enfemble deux êtres naturellement fi inaliables. Il n'y a que le Maître de la nature qui puiffe furmonter les repugnances des natures particulieres. Y a-t-il donc quelque raifon à juger que cette même liaifon qui nous effraye dans l'homme ; & qui pouffe à

bout toute nôtre philosophie; se trouve aussi dans les bêtes; que leurs mouvemens soient liés à des sentimens semblables aux nôtres; & que cette mervilleuse union que les Peres & les Philosophes ont regardée comme un prodige, comme un miracle dans la nature, comme le chef-d'œuvre du Createur, qui, par là à voulu faire de l'homme l'abregé de l'univers; que cette union, dis-je, se trouve aussi dans les bêtes; & que les hommes n'ayent, en cela, rien audessus d'elles? peut-on se méconoître plus grossierement? & n'est ce pas là proprement l'égarement que déplore un Prophete, lors qu'il dit que *l'homme n'a pas connu la dignité de sa creation: qu'il s'est bassement ravalé, jusqu'au niveau des bestes, & qu'il a pris plaisir à se rendre semblable à elles*, en les faisant aler du pair avec luy?

XI.

Et qu'on ne pense pas se tirer

3.
Eclair-
cisse-
ment.

de là en disant que l'esprit de l'homme est plus élevé & plus intelligent que l'ame des bêtes. Car outre que cela se dit en l'air & sans preuves: outre qu'à en juger par les ouvrages des hommes & des bêtes; il seroit aisé de prouver le contraire, & de faire voir communement plus d'adresse, plus de justesse, plus d'art, plus d'esprit, disons plus de sagesse dans les ouvrages des bêtes, que dans ceux des hommes; cette réponse ne lêve nullement la dificulté de l'union. Cette dificulté ne consiste pas en ce que l'esprit de l'homme est d'un degré de conoissance fort élevé: ce n'est point par là que ceux qui ont le plus admiré cette union, l'ont trouvée si merveilleuse. La dificulté consiste en ce que l'esprit de l'homme est un être pensant; & que dans la pensée, dans un être pensant on ne trouve rien qui ait raport à la substance étenduë. Or pour peu que vous doniez de pensée aux bêtes : quand vous ne leur donneriez que le sentiment, qui en est comme le dernier degré; la dificulté demeure dans toute sa force. Un être pensant du dernier degré de pensée, est toujours prodigieusement éloigné de l'être étendu. Ils n'ont rien de commun que le suprême degré d'être. Et ainsi il faudra reconoître dans l'union de l'ame des bêtes avec leur corps, le même prodige, le même miracle, le même effort d'une puissance souveraine, que les Peres & les Philosophes admirent dans celle de l'homme. L'homme n'aura rien, en cela, de privilegié. En un mot, il n'aura rien qui le distingue specifiquement des bêtes : puisque quand on lui passeroit qu'il pense plus noblement, ou plus finement qu'elles; il est certain que le plus & le moins de degrés, ne change point l'espêce, comme tout le monde en convient.

3. éclaircissement.

Z v

3.
Eclair-
cisse-
ment.

5. Ce qui acheve de faire voir combien les plus surprenans mouvemens des bêtes sont des signes équivoques de conoissance & de sentiment; c'est qu'on ne peut raisonablement contester qu'absolument ils ne puissent se trouver dans les bêtes, sans sentiment & sans conoissance. On ne peut justement contester que Dieu n'ait pû faire des machines toutes semblables aux bêtes : je veux dire capables d'executer, sans conoissance, tous les mouvemens qu'on y admire le plus. Un clin-d'œil sur la toute-puissance de Dieu, nous répond de la possibilité du fait ; & ce que les hommes mêmes avec un esprit si borné & des instrumens si grossiers, ont jusques ici tenté sur de pareilles entreprises, ne nous laisse pas lieu d'en douter, & ne nous rend que trop croyable la facilité avec laquelle Dieu l'executeroit.

Qui nous assurera donc que Dieu n'ait pas pris cette voye dans la formation des bêtes? ou plutôt coment pouvons-nous soupçoner qu'il en ait pris une autre; si nous avons quelque idée de sa sagesse? car puis qu'il est de cette sagesse de ne rien faire d'inutile, & d'aler à ses fins par les voyes les plus courtes & les plus simples; n'auroit-il pas esté contre cette simplicité, de doner aux bêtes, pour executer leurs mouvemens, une ame qui n'auroit eu avec eux nul raport & nulle liaison: une ame sans laquelle on convient qu'ils auroient pû s'executer tout aussi regulierement; & une ame enfin sans les ordres & la direction de laquelle la plûpart de ces mouvemens se passent effectivement dans l'homme, comme on l'a fait voir dans le 2. traité *? en quelle seureté peut-on donc, sur les plus surprenans mouvemens des bêtes, inferer qu'elles ont du sentiment?

» éclaircissemens.

* Par ces mêmes raisons on pouroit peut-être s'imaginer qu'il n'est pas plus certain qu'il y ait dans l'hôme, une ame spirituelle & intelligente: mais on en fera voir la diference par une addition à la fin de cette lettre.

Z vj

3.
éclair-
cisse-
ment

Mais aussi, me direz-vous, en quelle seureté pouvez-vous avancer qu'elle n'en ont pas ?

Hé bien, vous répondrai-je, n'avançons ni l'un ni l'autre, ni que les bêtes ayent de la conoissance, ni qu'elles n'en ayent pas. Je veux bien par complaisance pour vous, ne prendre point droit sur les raisons que je viens de toucher. Nous ne savons, ni vous, ni moi, ce qui se passe dans les bêtes. N'en jugeons point. Demeurons-en suspens sur ce sujet. Mais aussi que nôtre ignorance à cet égard, ne tire point à consequence pour ce que nous avons découvert dans l'homme. Ne nous méconoissons pas nous-mêmes : parce que nous ne conoissons pas les bêtes ; ne revoquons pas en doute la spiritualité & l'immortalité de nôtre ame : parce que nous ne savons pas si l'ame des bêtes est spirituelle & immortelle ; & ne détruisons pas ce qui est clairement demontré, par l'obscurité de ce qui ne l'est pas encore. C'est une des regles les plus essentielles de la Logique.

3. éclaircissemens.

Vous voyez bien neanmoins que ce n'est que par pure complaisance pour vous, que je consens de demeurer dans l'indiference à cet égard: car il s'en faut bien que nous ne soyons sur cela but à but. Vous n'avez pour le sentiment des bêtes que des mouvemens parfaitement équivoques: au lieu que j'ay, pour l'exclusion de tout sentiment & de toute conoissance, des preuves tirées de la sagesse & de la justice de Dieu; qui valent des demonstrations; vous en avez vû quelque chose cy-dessus: mais encore une fois, je veux bien ne m'en point servir.   XIII.

Enfin ce qui montre invinciblement combien les mouvemens des bêtes sont une preuve frivole de leur sentiment, ou de leur conoissance; c'est qu'on trouve tous les jours des mouvemens semblables à ceux des bétes, en des sujets où l'on est fort seur qu'il n'y a ni sentiment, ni conoissance. Vous méme, Monsieur, m'en fournissez un illustre exemple dans la plante qu'on apelle *sensitive*. Car quoi qu'on l'honore de ce nom ; je suis seur que vous étes trop raisonable, pour lui doner un vrai sentiment. Y a-t-il cependant rien de plus semblable aux mouvemens des bétes, que ceux de la sensitive ? un ver se remuë-t-il plus vivement ; & un limaçon se recoquille-t-il, ou se retire-t-il plus promtement dans sa cocque, lors qu'on le pique, que la sensitive ne se recocquille & ne se replie, lors qu'on la touche ? Nos jardins nous fournissent cent exemples encore plus surprenants que celui-là. Un chien se defend-il mieux lors qu'on lui pince la queuë que le concombre sauvage, lors qu'on touche seulement à la sienne. Un chien donera peut-être quelque coup de dent. Mais le concombre vous lance en un instant dans le visage & dans les yeux une soixantaine de grains pointus, & cela d'une violence & d'une force à vous obliger de vous repentir de vôtre témerité.

éclaircissemens

XIV.

Ces mouvemens, direz-vous, se font par le moyen de certains ressorts imperceptibles, qui sont dans les fibres des plantes, & que l'on debande quand on les touche.

D'accord: en voilà la vraye cause. Mais que n'en dites-vous autant des mouvemens des bêtes? Est-ce que celles-cy ont moins de ressorts interieurs, que les plantes? elles en ont de si sensibles & de si palpables; qu'on peut vous les faire voir & toucher, & vous faire remarquer sensiblement leur jeu.

3.
Éclair-
cisse-
ment.

XV.

Un chat esquive-t-il plus adroitement un coup de bâton, qu'un aimant ne fuit un autre aimant, s'il l'aproche par un certain côté ? un épervier se lance-t-il plus vivement sur une perdrix, qu'une aiguille d'acier ne se lance sur un des poles de l'aimant ? & cependant qui s'avisa jamais de doner du sentiment à l'aimant ou aux aiguilles d'acier ?

XVI.

Cele se fait, me direz-vous, par l'impression secréte de petits corps imperceptibles, que l'aimant répand perpetuellement dans l'air ; & qui suivant la maniere dont ils frapent un aiguille, ou un autre aimant, les oblige à s'aprocher ou à s'éloigner.

Fort bien : que n'en dites-vous donc autant du mouvement d'un chien qui chasse un liévre, ou qui cherche son maître ? Que ne dites-vous que le liévre & le maître répandent sur toute leur route, en marchant, une vapeur de petits corps invisibles, dont l'impreſſion dans l'odorat du chien, ſufit pour debander les reſſorts de ſes jambes, & pour le faire ſuivre exaƈtement & le liévre & le maître, ſans les conoître, ni ſans les voir ni l'un ni l'autre ? Si ſur la trace du liévre on avoit fait une traînée de poudre à canon ; & qu'on eut mis le feu à un des bouts de cette traînée ; croyez-vous que ce feu ne pût ſans conoiſſance, ou ſans diſcernement, ſuivre tres-promtement & tres-exaƈtement la trace du liévre, malgré toutes ſes inégalités, & ſes perpetuels détours ? C'eſt à peu prés ainſi qu'un chien y eſt emporté.

3.ᵉ éclairciſſement.

XVII.

Mais, dites-vous, *les bétes diſtinguent les objets à une diſtánce tres-grande & peu propre aux machines : il faut donc qu'elles ayent de l'eſprit.*

3.
éclair-
cisse-
ment.

Que c'est peu conoître coment un esprit distingue les objets corporels; que de s'imaginer qu'il doive les distinguer à une plus grande distance, que ne feroit une pure machine! non, Monsieur, ne vous y trompez pas: ce n'est que par l'entremise de sa machine que l'esprit de l'homme distingue ces objets, pendant qu'il est uni au corps. S'il voit le soleil à une si prodigieuse distance; ce n'est que parce que sa machine est ébranlée par les rayons de cet astre. S'il aperçoit Saturne & ses satellites, encore plus distans! ce n'est que parce que ces planettes repoussent la lumiere contre ses yeux. S'il sent les roses de fort loin: ce n'est que parce que ces fleurs vont ébranler sa machine par les exhalaisons qu'elles répandent en l'air, de toutes parts. Et ainsi loin que l'homme ait, à cet égard, quelque avantage sur les bêtes & les pures machines; qu'au

contraire il s'en trouve entre cel-   *3.*
les-cy, comme les chiens & les *éclair-*
corbeaux, qui font en cela, bien *cisse-ment.*
superieures à l'homme, & qui se
trouvent frapées & ébranlées, par
les corps odoriferans, de bien plus
loin, que lui: parce que la membrane de lenr odorat est beaucoup
plus delicate & plus mobile, que
celle de l'homme.

XVIII.

Aprés cela, Monsieur, j'espere
que vous cesserez d'admirer que
*vôtre chien vous sente & vous distingue du bout de la ruë, quoi qu'il
ne vous voye pas :* sur tout si vous
faites reflexion qu'une aiguille aimantée, posée sur un pivot d'une
maniere mobile, sent, pour ainsi
dire, & distingue, en un instant,
les poles de la terre, à une distance incomparablement plus grande; quoi qu'elle les voye aussi peu.

XIX.

Vous ne serez pas plus surpris de
voir ce chien crier si haut, sans

3.
éclair-
ciffe-
ment.

348 Eclaircissemens
douleur, lors qu'on lui done un coup de bâton. Une pedale d'orgues fait bien un autre bruit, pour le moindre petit coup de pied, quoi qu'il luy soit aussi peu sensible. Ce cri, dans le chien, & cet éclat dans l'orgue, ne sont que des mouvemens purement mécaniques, qui, par eux-mêmes, n'ont nulle liaison necessaire avec la douleur. Il est vrai que dans l'homme, ils se trouvent souvent liés avec elle : parce que c'est dans cette liaison que consiste l'union de l'ame avec le corps : mais quand il n'y auroit point d'ame, ces cris violens ne laisseroient pas de luy ariver, lors qu'on le frape violemment. Ces cris ne se font que par l'irruption violente de l'air renfermé dans sa poitrine ; & cette irruption se fait aussi necessairement par la compression du poulmon, lors qu'on exerce quelque violence sur son corps ; qu'elle se fait dans une Orgue, par

la compression de ses souflets, lors qu'on touche une pedale. Il y a seulement cette diference, qu'il ne faut qu'une mediocre impression sur celle-cy, pour déterminer l'action des souflets à exciter un grand bruit ; au lieu qu'il faut d'ordinaire une impression violente sur le corps d'un animal, pour déterminer l'action de la poitrine à pousser un grand cri. Dés que cette impression se fait ; qu'il y ait dans ce corps, une ame pensante, ou qu'il n'y en ait pas : le cri se forme. Je conviens que lors qu'il y en a une, ce cri peut-être quelquefois volontaire, ou augmenté par les ordres de la volonté: mais quand elle ne s'en mêleroit pas : il ne laisseroit pas d'ariver en consequence des dispositions de la machine.

3.º éclaircissement.

On peut juger de là (pour le dire en passant) s'il est si aisé de s'empêcher de crier lors qu'on

3. éclaircissemens.

soufre de la douleur; & si les cris sont toûjours des marques d'impatience, ou d'irresignation. On ne peut arêter ces cris, qu'en resistant au penchant de la machine, & qu'en s'oposant au debandement naturel de ses ressorts. Cette resistance coute à l'esprit: il lui en revient une nouvelle douleur; & il a déja assez de la premiere. Il agrée celle-cy & se soumet à l'ordre de Dieu qui l'à luy envoye: mais il ne se croit pas obligé de s'en causer une seconde, en s'oposant à un mouvement purement mecanique, qui n'a rien que d'innocent.

XX.

Croyez moy, Monsieur, si sur le sujet des bêtes, on faisoit plus d'usage de sa raison, que de ses sens: on reviendroit bientôt des prejugés où l'on est à leur égard. Je dis plus: si l'on pouvoit même gagner sur soy de s'en tenir precisément à ce que disent les sens ; & de comparer avec le sujet en question , ce qu'ils nous disent sur d'autres sujets : Ils nous fourniroient plus de raisons pour ruiner ces prejugés trop favorables aux bêtes ; que les mouvemens de celles-cy n'en suggerent pour les établir.

3. éclaircissement.

XXI.

Que si malgré ces éclaircissemens, le libertin persistoit à me soutenir que les bêtes ont non-seulement du sentiment & de la connoissance ; mais aussi (comme vous le dites, Monsieur) *du jugement, du discernement, du raisonnement*: que *leur moy est unique; & que leur ame est simple & indivisible, comme dans l'homme*; Je lui repondrois: donnez Monsieur, liberalement à cet ame dont vous faites un present si gratuit aux bêtes, toutes les belles & bonnes qualités qu'il vous plaira. Comme nous n'avons ni vous, ni moy nulle idée de ce qui est dans les bêtes au delà des dispositions mecaniques ; vous pouvez faire cette ame pretenduë si parfaite que vous le vous le voudrez, sans que je puisse vous disputer aucune de ses perfections : non plus que je ne pourois vous contester celles qu'il vous plairoit d'atribuer à l'ame d'une horloge ; s'il vous prenoit phantaisie de luy en donner une. Mais comme je vous plaindrois infiniment de vôtre profusion, dans ce dernier cas ; je ne la deplore pas moins dans le premier ; & je la trouve méme beaucoup plus deraisonable.

XXII.

En effet si vôtre Philosophie vous portoit à doner une ame à une horloge, aparemment vous ne voudriez pas qu'elle fût plus parfaite que celle de l'homme ; & cependant vous voulez que celle dont vous faites present aux bêtes, soit superieure, en perfection

ction, à l'esprit humain. Celui-cy, comme nous l'avons vû dans le second traité, n'a qu'un *moi indivisible*, qui répond à toutes les parties du corps. Et il n'y répond même que pendant que ces parties sont unies au tout. Si elles viennent à être separées : le *moi* de l'homme n'y répond plus. Dés qu'une jambe est detachée du corps : on peut la tailler en piêces, sans que le moi de l'homme en sente rien. Au lieu que vous voulez que le *moi* des bêtes, tout indivisible que vous le faites, réponde à toutes les parties de ces bêtes, separées les unes des autres; & que, par exemple, dans un ver qu'on aura coupé en quatre parties, ce soit le même *moi* indivisible qui sente la douleur dans ces parties, lors qu'on vient à les piquer; à quelque distance qu'elles soient les unes des autres. N'est-ce pas là visiblement doner à l'ame des bêtes une espêce d'im-

3. éclaircissement.

3. éclaircissement.

mensité dont celle de l'homme se trouve privée ? & faut-il aprés cela, s'étoner si vous ne refusez à celle-là, nulle des perfections essentielles à celle-cy ?

XXIII.

Mais enfin, Monsieur, continuerois-je, donez à l'ame des bêtes tout ce qu'il vous plaira de perfection, & même l'immortalité, si vous le voulez. Je ne m'y opposerai pas davantage, quoique vous n'en produisiez nulle preuve. Mais aussi ne disconvenez pas de l'immortalité de l'esprit de l'homme : puisque je l'ay si solidement demontrée. Ce seroit renoncer à toute raison, que d'admettre l'une sans preuve, & de rejetter l'autre si clairement prouvée.

XXIV.

Vous abandonerez peut-être volontiers l'immortalité de l'ame des bêtes : pourvû qu'on abandone l'immortalité de l'esprit de l'esprit de l'homme. Mais on n'a garde de vous passer ce marché. Il s'en faut bien que les choses ne soient égales. Vous n'avez pour l'immortalité de l'ame des bétes que de miserables consequences indirectes, amenées de loin, tirées par les cheveux, fondées sur de foibles & de frivoles conjectures: je veux dire sur le prejugé de leurs pretenduë conoissance ; sur la ressemblance de leurs mouvemens avec ceux de l'homme : en un mot sur le raport trompeur & incompetant de vos sens; je dis incompetant : puis que la conoissance n'est point de leur objet, ni de leur sphére. Et nous avons au contraire, pour l'immortalité de l'esprit humain, plusieurs sortes de demonstrations directes, immediates, solides, fondées sur la notion intime & incontestable que nous avons de cet esprit, comme vous en convenez vous-même. Et ainsi, Monsieur, retenez ou aban-

3. éclaircissemens.

3.
éclair-
cisse-
ment.

donez l'immortalité de l'ame des bêtes ; vous ne pouvez vous dispenser de reconoître celle de l'esprit humain ; & c'est là tout ce que j'ai eu en vûë dans le second traité : parce que, cette verité une fois admise, vous ne pouvez plus tenir dans vôtre libertinage, vous ne pouvez du moins y demeurer en repos.

XXV.

Et ne pretendez plus revenir contre cette verité par l'exemple des bêtes; tout ce que vous y aviez de retranchemens a esté ruiné; & l'on croit avoir éclairci tout ce que vôtre amour propre a pris plaisir de répandre de nuages & de difficultés sur ce sujet ; mais quand on n'y auroit pas parfaitement réüssi ; n'est-ce pas un principe reçu, ou recevable de tous ceux qui ont quelque bon sens, qu'on ne doit pas abandoner une verité claire & certaine, parce qu'elle fait naître, sur un autre fujet, des difficultés qu'on a peine à refoudre? Dieu vous fait conoître ce qui fe paffe chez vous affez clairement & affez diftinctement, pour en pouvoir inferer feurement la fpiritualité & l'immortalité de vôtre ame. Il n'a pas voulu vous faire conoître auffi clairement ce qui fe paffe dans les bêtes. Tenez le certain : & laiffez l'incertain. Et ne renoncez pas à ce qui fait la gloire & la dignité de vôtre être : parce que la nature de celui des bêtes ne vous eft pas affez conuë. Ce feroit le comble de l'extravagance, de ne vouloir être fpirituel & immortel, qu'à condition que les bêtes le feroient auffi : ou de fe faire un brutal plaifir de penfer que fi elles periffent abfolument & fans refource, on aura auffi un pareil fort ; & qu'on retombera, par la mort, dans l'aneantiffement.

3º éclairciffement.

XXVI.

Encore une fois donc, Mon-

3.
éclair-
cisse-
ment.

sieur, que l'ame des bêtes soit tout ce qu'il vous plaira: vous ne pouvez en conclure quoi-que ce soit contre l'immortalité de vôtre ame. La diference de leur sort, pendant cette vie, vous marque assez qu'il n'y a nulle consequence à tirer de l'une à l'autre. Qu'elle devienne donc, cette ame brutale, au moment de la mort, tout ce que vous voudrez vous imaginer; vous ne pouvez, s'il vous reste quelque raison, & quelque amour propre, vous dispenser de songer à ce que deviendra la vôtre, dans ce terrible moment. Et ce seroit l'excés de la stupidité, que de ne prendre pas des mesures pour la rendre hureuse : ou du moins pour empécher qu'elle ne soit malhureuse dans l'éternité.

Voilà, Monsieur, ce que je répondrois à vôtre libertin. Vous en jugerez. Je suis cependant vôtre, &c.

Addition à la Lettre precedente où l'on fait voir que chacun peut se convaincre non seulement qu'il a en lui-même un être pensant, une ame toute spirituelle; mais aussi qu'il y en a une toute pareille dans les autres hommes.

<small>3. éclaircissement.</small>

UN homme d'esprit & de distinction ayant vû cette lettre, jugea veritablement qu'il étoit malaisé, aprés cela, que le libertin pût encore tenir pour la conoissance des bêtes : mais il crût aussi qu'il pouroit encore m'embarasser par un autre tour, en me soûtenant que nous n'avons pas de meilleures raisons pour doner de la conoissance à l'homme; & que puisque les plus surprenants mouvemens corporels ne sont pas concluants pour la conoissance des bêtes ; ils ne

3.
Éclair-
cisse-
ment.

le sont pas pour celle de l'home; & qu'ainsi il n'est pas plus certain qu'il y ait un être pensant dans l'homme, que dans les bêtes. A cela je répondis ce qui me vint, sur le champ dans l'esprit. Il me dit que cela valoit bien la peine d'en faire une addition à cette lettre; que comme il n'y a point d'extravagance favorable au libertinage, qui ne paroisse recevable aux libertins; il pouroit bien s'en trouver qui s'acomoderoient de celle-cy: & qu'ainsi il faloit leur enlever encore ce retranchement. Je le crûs: je m'y engageay; & voicy ce qui m'a paru propre à lever cet obstacle.

Je commence par remarquer que l'instance qu'on fait ici, prend pour principe une évidente fausseté. Il est faux que pour doner de la conoissance & des sentimens à l'homme, nous n'ayons pas de meilleures raisons, que pour en doner aux bêtes; & qu'elles se reduifent toutes à des mouvemens corporels. Chacun doit mettre une tres-grande diference entre la conoiſſance qu'il a de ſa propre ame, & celle qu'il a de l'ame des autres hommes. Il eſt vrai que celle-cy ne ſe connoît gueres que par des mouvemens corporels. Mais chacun conoît ſa propre ame indépendemment de tous ces mouvemens. Traitons d'abord de la conoiſſance que chacun a de ſa propre ame; & puis nous parlerons de celle qu'on a de l'ame des autres hommes.

3 éclairciſſement.

Section I.
De la conoiſſance que chacun à de ſa propre ame.

I.

Pour peu qu'on ſe ſoit étudié ſoi-même; ou du moins qu'on ſe ſouvienne de ce que nous avons dit de la diſtinction de l'eſprit & du corps dans le 2.

3.
éclair-
cisse-
mens.

traité de cet ouvrage ; on s'apercevra bientôt que chacun conoît immediatement sa pensée ; & qu'il la voit d'une maniere si intime & si sure ; qu'il peut en avoir la derniere certitude dans le tems même qu'il ne sait, & qu'il doute encore s'il a un corps. Car suposé que l'Auteur de nôtre être fût un genie qui eut pris plaisir à nous tromper dans les choses les plus claires ; on pouroit justement douter qu'on eût un corps. Mais quelque suposition que l'on fasse : qu'on imagine, qu'on invente & qu'on rassemble toutes les raisons possibles de douter : & je defie qu'avec tout cela, on puisse jamais se mettre en état de douter si l'on pense, ou si l'on est un être pensant : puis qu'il ne faut qu'un moment d'atention pour s'apercevoir que même ce pretendu doute seroit une vraye pensée. Chacun conoît donc d'une maniere incontestable & parfaitement independante de tous les mouvemens des corps, qu'il est un être pensant: ou qu'il a une ame intelligente.

3. éclaircissement.

II.

Mais peut-être que cette pensée n'est elle-même qu'un mouvement corporel. Qui le pouroit croire?

Et, 1. n'est-il pas visible que la pensée n'est nullement un mouvement sensible, & qu'elle ne tombe sous aucun des sens corporels?

2. Il n'est pas moins évident à quiconque a de la raison, que la pensée ne consiste en aucun des mouvemens imaginables des parties insensibles de la matiere. Qu'on rapelle, & qu'on se represente toutes les diferences de ces mouvemens. Qu'on en fasse toutes les combinaisons possibles: & je défie qu'on en trouve une seule qui soit un doute, ou un jugement, ou un sentiment, ou quel-

A a vj

le autre espêce de pensée l'on voudra. On peut voir ce que nous avons dit, sur ce sujet, dans le second traité, * où nous avons poussé cette matiere dans un grand detail, & avec d'extrémes precautions & precisions.

<small>3. éclaircissement.
* Refle.
2. 3. 4.
5. 6.</small>

3. Enfin si la pensée étoit corporelle, elle seroit ou une maniere d'être du corps : ou le corps même : mais il est aisé de faire voir qu'elle n'est ni l'un, ni l'autre. Il est de la nature d'une maniere d'être de ne pouvoir être distinctement conçuë, en niant & excluant formellement l'idée de l'être dont elle est maniere : nous l'avons déja fait voir plus d'une fois. Or on peut concevoir distinctement la pensée, en excluant formellement l'idée du corps; & niant même positivement qu'il y ait aucun corps : la pensée n'est donc pas une maniere d'être du corps. Et par là on voit bien qu'elle est encore moins le corps mê-

me: puis qu'elle peut être conçuë sans lui; & qu'une même chose ne peut être conçuë sans elle-même.

III.

Il demeure donc pour constant que de la même certitude dont chacun conoît sa pensée, il conoît que cette pensée n'est rien de corporel; & qu'ainsi il sait, independemment des mouvemens de la machine, qu'il a une ame pensante.

Section II.

De la conoissance que chacun a de l'ame des autres hommes.

I.

A l'égard de l'ame des autres hommes; il est vrai qu'on ne la voit pas immediatement comme chacun voit la sienne. On n'en juge qu'au travers de la ressemblance exterieure du

3.
éclaircissement.

corps & de ses mouvemens : je veux dire que sur ce que le corps des autres hommes assez semblable au nôtre, produit, en certaines occasions & circonstances, des mouvemens fort semblables à ceux qui, en nous, se trouvent ordinairement liés à certaines pensées dans ces mêmes circonstances. Mais il y a de ces mouvemens si indispensablement liés avec la presence & la direction d'un être pensant ; qu'il est impossible qu'ils se trouvent sans pensée, dans les autres hommes.

II.

Le principal de ces mouvemens est la parole. Il ne faut que la regarder un moment dans son institution & dans son usage, pour s'assurer qu'elle a une liaison necessaire avec la direction d'un être pensant ; & qu'ainsi les autres hommes ont une ame semblable à celle qu'on trouve chez soy.

III.

Par la parole je n'entens pas simplement la formation d'une voix, ou d'un cri : cela est commun à toutes les bêtes. Je n'entens pas même simplement la formation d'une voix articulée. Elle peut se trouver en quelques oiseaux ; comme dans les perroquets. J'entens une voix articulée, acompagnée d'une certaine idée, & propre à l'exciter dans l'esprit de ceux qui l'entendent. Et ainsi par l'institution de la parole, j'entens la liaison de certaines idées avec certains termes : ou l'établissement que les hommes font de certains termes, pour signifier certaines choses & en exciter les idées. Et par l'usage de la parole, j'entens l'excitation actuelle des idées de ces choses par la prononciation de ces termes.

3e éclaircissement.

IV.

Or il me paroît qu'on ne peut

pas douter que les hommes n'ayent fait entre-eux une pareille inſtitution : qu'ils n'ayent établi, entre-eux, certains termes pour s'expliquer; & qu'ils n'ayent ataché les idées des choſes à ces termes. L'uſage qu'on fait tous les jours de la parole, en eſt une preuve ſenſible. Cet uſage reglé & uniforme pour chaque langue; infaillible, rarement équivoque, & où l'on ne ſe méprend preſque jamais; ne permet pas de douter que les hommes d'un même païs ne joignent les mêmes idées aux mêmes termes; & la diverſité des langues pour ſignifier les mêmes choſes, permet auſſi peu de douter que la liaiſon des termes & des idées ne ſoit d'inſtitution humaine : ce qui vient de la nature, & les ſignes naturels étant toujours les mêmes chez toutes les nations.

V.

Il n'eſt pas moins évident que

cette liaison de certaines idées avec certains termes, ne s'est pû faire, que par des êtres pensans & conoissans. Il faut conoître les termes & les idées, pour les lier. Je say bien que dans les bêtes, & dans l'homme même on trouve certains cris naturellement liés à certains mouvemens & à certains sentimens : mais il y a une extréme diference de ces liaisons à celles qui se trouvent dans la parole. Celles là sont necessaires, naturelles, immuables & de l'institution de la nature : au lieu que celles-cy sont libres, arbitraires, changeantes, & de pure institution humaine. Les soupirs, les sanglots, les pleurs, signifient la même chose chez tous les hommes : au lieu qu'un même terme a souvent diverses significations chez divers peuples ; & que l'idée, par exemple de la divinité se trouve atachée à autant de divers termes, qu'il y a de diverses

3. éclaircissement.

3. éclairciſſement.

langues. D'où vient cette diverſité, ſi ce n'eſt de ce que les termes par eux mémes, ne ſigniſiant rien; une nation atache l'idée de Dieu à un terme, pendant qu'une autre la lie avec un mot tout diferent. Et une preuve inconteſtable de cela, c'eſt qu'il n'y a que ceux qui ont eu part à cet établiſſement, il n'y a que les hommes de cette nation, qui entendent ce terme. Rien peut-il faire mieux voir que cette liaiſon n'eſt point de la nature: mais uniquement de la liberté & du choix de quelques êtres intelligens?

VI.

Mais, dira-t-on, toute cette preuve ſupoſe ce qui eſt en queſtion. La queſtion eſt de ſavoir ſi la parole, dans les hommes, eſt acompagnée d'idées & de conoiſſance: & c'eſt juſtement cè qu'on prend pour principe dans cette preuve, ou l'on veut que les hommes ayent lié des idées à leurs terms.

VII.

3.e éclaircissement.

Je pourois répondre que tout ce qui se passe dans les hommes en consequence de la parole, comme leurs divers mouvemens, prouve assez qu'ils s'entendent, & qu'ils aperçoivent ce qu'ils se disent: car le moyen par exemple de s'imaginer qu'un valet à qui j'ordonne d'aler savoir des nouvelles d'un de mes amis, ne m'a pas entendu, lors qu'effectivement il part, va chez cet ami, & m'en aporte des nouvelles? Mais comme on pouroit chicaner sur cela, par l'exemple des bêtes; & me soûtenir que ces mouvemens, dans les hommes, ne sont pas moins équivoques que dans les bêtes; il faut entrer dans un plus grand detail de ces mouvemens; & faire voir par diverses reflexions qu'il y en a: mais sur tout, ceux même de la parole, qui ne sont nullement équivoques.

VIII.

3. éclair- cisse- mens.

Je commence ces reflexions par ce qui m'est évident & incontestable. Je prie seulement le lecteur de me suivre.

Je say à n'en pouvoir douter, que je pense, & que je suis un être pensant. Je say que je parle & que j'ay ataché à certains termes certaines idées qui ne manquent jamais de me revenir toutes les fois que je les prononce, ou que je les entens prononcer. Je me vois environé d'un grand nombre de machines fort semblables à la mienne, vivantes & animées comme elle; & qui prononcent aussi distinctement qu'elle, les termes ausquels j'ay ataché ces idées. Mais je suis en peine si ces machines sont, comme la mienne, sous la direction d'un être pensant; & si cet être atache à ces termes, les mêmes idées que j'y atache. Pour m'éclaircir sur cela, je vois bien qu'il me faut faire plusieurs épreuves. Commençons donc.

3. éclaircissement.

IX.

Assis à table avec plusieurs de ces machines, j'en prie une de me doner du pain : & elle m'en done. Je la prie encore de me doner une pêche ; & dans un grand bassin plein de divers fruits, elle va demêler ce que j'ay entendu par ce terme ; & me presente ce que j'apelle une pêche. N'ay-je point lieu de juger de là qu'elle m'a entendu ; & qu'elle a ataché à ces deux mots les mêmes idées que j'y atache ?

Mais cependant on a vû des chiens rendre à leurs maîtres de pareils services : partir au moindre commandement, & leur aler querir ou leurs gans, ou leur mouchoir, ou toute autre chose semblable ; suivant les ordres qu'ils en avoient reçûs. On est pourtant bien sûr que ces chiens n'atachoient nulles idées aux termes

3.
éclair-
cisse-
ment.

de mouchoir, ou de gans, &c. Cette observation n'est donc pas sure.

X.

J'en fais une seconde : & je prie une de ces machines semblables à la mienne, d'aler dans une nombreuse Bibliotheque, me chercher & m'aporter les Confessions de S. Augustin. Elle part de la main. Elle va dans cette Bibliotheque ; & là parmi ce prodigieux nombre de livres, elle demêle les Confessions de S. Augustin ; & me les aporte. Cela est fort : mais peut-être ce discernement ne passe-t-il pas celui d'un singe, qui assurement n'est qu'un discernement purement materiel. Alons donc encore plus loin.

XI.

Je prie cette machine de me chercher dans les Confessions de S. Augustin, ce bel endroit où ce saint deplore de s'être pris si tard à aimer Dieu. Et je suis surpris qu'en moins de rien, cette machine trouve & me montre ces belles paroles : *sero te amavi, ô pulchritudo tam antiqua & tam nova : sero te amavi.* Assurement cela est violent : car le demêlement si subit de ces deux mots, dans un si grand ouvrage, marque non seulement que cette machine m'a entendu, & qu'elle entend la langue françoise ; mais même qu'elle sait la latine ; & qu'elle a eu les idées de tous les termes & de tout le texte de S. Augustin, qu'il lui a falu parcourir, avant que de trouver ces deux mots latins que je lui demandois.

3. éclaircissement.

XII.

Mais peut-être que la trace de ces deux mots étoit liée dans son cerveau avec celle des paroles par lesquelles je lui ay fait cette demande, & avec le mouvement des mains propre à les chercher ? Je lui fais donc mille pareilles demandes : je lui fais chercher mil-

3. éclaircissement.

le semblables passages; & elle me les trouve tous; quoi-qu'il ne soit nullement vrai semblable que toutes leurs traces ayent esté liées avec les traces de pareilles demandes.

Mais n'est-ce point aussi que le secours des figures qui frapent ses yeux, joint à l'impression de mes paroles, rend ces épreuves trop faciles? Laissons donc là l'ecriture & les figures; tenons nous-en à la simple conversation; & voyons si cette machine, usant du même idiôme dont je me serviray, me répondra à propos: si elle me suivra: si elle ne fera point de coq à l'âne. Car il est constant que si elle ne m'entend point: si elle n'a nulle idée du sens des termes dont je me serviray; il est impossible qu'elle ne me réponde de travers, à contre-sens, du blanc au noir. Et afin de rendre cette épreuve plus sure & plus solide; je veux l'entretenir, non pas de choses com-

communes & d'usage : mais des sciences; & même des plus abstraites.

3. éclaircissement.

XIII.

Je commence par les Mathematiques; & je lui demande si le nombre de cinquante peut être divisé en deux parties égales; & elle me répond qu'il le peut. Je m'imforme si chacune de ces parties peut encore être subdivisée en deux autres parties égales. Elle répond qu'elle ne le peuvent. Réponses parfaitement conformes à ce que j'en pense.

J'ay l'idée d'un cercle & celle d'un triangle ; & sur ces idées, je juge & que tous les diamêtres d'un cercle sont égaux entre eux; & que les trois angles d'un triangle sont égaux à deux droits. Je demande donc à cette machine quel raport de grandeur les diamêtres d'un cercle ont entre-eux; & elle répond qu'ils sont égaux. Je la prie de me marquer la mesure des trois angles d'un triangle; elle replique qu'ils sont égaux à deux droits. Je desire savoir la preuve de l'un & de l'autre : & elle me l'a fait sur le champ conformément à mes idées. Assurement voilà d'étranges éfets, pour une pure machine.

XIV.

Je passe à quelque chose de plus abstrait; & je lui demande s'il n'est pas quelquefois permis & juste de condamner & de punir un inocent. Elle se recrie que c'est une afreuse injustice; & que cela ne fut jamais permis ni en aucun tems, ni en aucun lieu. Cela me surprend : car j'en ay toute ma vie jugé ainsi. Ces jugemens n'ont esté apuyés que sur les idées d'ordre & de justice : & je suis bien sur que ces idées ne me sont point venuës par les sens : puis qu'elles n'ont rien que de purement intelligible, rien qui frape les sens. Comment donc conviennent-elles à une pure machine; & d'où lui sont elles venuës?

Il paroît cependant visiblement par là, qu'il y a quelque chose dans cette machine qui conoît non seulement les regles de morale; mais même le principe de ces regles, les verités les plus metaphisiques, les plus necessaires, les plus immuables.

XV.

Je vais encore plus avant; & je demande à cette machine, si elle sait ce que c'est qu'un esprit. Parfaitement bien, dit-elle; l'esprit est le principe de la pensée; ou un être pensant. Mais, lui repliquai-je, croyez-vous qu'il y ait de tels êtres? je ne puis douter, repart-elle, que je n'en sois un: car je say que je pense; & j'en ay un sentiment intime qui ne peut être trompeur. Mais, de grace, excellente machine, par quelle partie de vous même pensez-vous? Est-ce par la main, par le

3.
éclair-
cisse-
ment.

pied, par la tête, ou par quelque autre partie? ce n'est, replique-t-elle par aucune de celles qui peuvent tomber sous les sens: ce n'est par aucune partie corporelle. Quand je n'en aurois nulle: je sens bien que je penserois encore. Je n'ay point de certitude ni de demonstration metaphisique que j'aye un corps. Je pourois même peut être, par le secours de quelques supositions, ou de quelques fictions, venir jusques à en douter: au lieu que quelques fictions & quelques supositions que je fasse; je ne puis douter si je pense; ni si je suis un être pensant: puisque mon doute même étant une vraye pensée, m'ôteroit tout lieu d'en douter.

XVI.

Ici tous mes doutes à moi-même sur la condition & la nature de cette machine se trouvent parfaitement dissipés. Je ne puis plus douter que celui qui me parle

ainsi, ne soit autre chose que ma- 3.ᵉ
chine. En un mot, il me paroît *éclair-*
certain qu'il y a dans cette ma- *cisse-*
chine, un esprit tout semblable au *ment.*
mien. Je lui trouve les mêmes
idées, les mêmes jugemens, les
mêmes raisonemens. Il me prouve son essence & son existence par
les mêmes voyes & les mêmes raisons par lesquelles, je me les prouve à moi-même. Je le mène de
sience en sience, jusqu'aux plus
abstraites ; & je le trouve par tout,
m'entendant, me comprenant, me
suivant; raisonant juste & souvent
mieux que je ne ferois moi-même, sur les divers sujets que je lui
propose. Je me recrie cent fois
sur sa penetration, sur son bon
sens, sur sa raison. Une pure machine destituée de toute conoissance, de tout esprit, est-elle capable de cela ? Dieu même par sa
toute-puissance, peut-il l'en rendre capable ? Je conçois bien qu'il
peut faire que sans nul esprit créé,

B b iij

3.
éclair-
cisse-
ment.

elle parle & s'explique ainsi sa-
vamment sur les divers sujets que
je lui proposerai : mais il faudra
donc que ce soit luy-même qui la
fasse parler, qui conduise, qui di-
rige, qui execute tous les divers
mouvemens d'où dependent ces
divers discours. Et ainsi ce ne sera
plus alors un esprit créé qui ani-
mera cette machine : ce sera un
esprit incréé : ce sera Dieu même.

XVIJ.

Cependant en reconoissant la
possibilité absoluë de cette hipo-
thêse ; je sens bien que je me jette
dans un nouvel embaras. Car suivant cela, qui m'assurera qu'il y a
dans ces machines que j'apelle
humaines, un esprit semblable au
mien ? D'où puis-je savoir si l'esprit qui me parle par elles, n'est
pas Dieu ?

XIX.

Le voicy. C'est que cet esprit
tout savant & tout habile que je
l'ay reconu par nos conversa-

tions, est sujet à des defauts & des foiblesses dont Dieu n'est point capable. Je l'ay vû doutant quelquefois : hezitant sur certaines choses : en ignorant d'autres : je l'ay vû même se méprendre grossierement & tomber en erreur. Tous defauts absolument incompatibles avec la souveraine verité.

3. éclaircissement;

Ce n'est pas assez. Je l'ay encore reconu sujet au froid & au chaud, à la faim & à la soif, au chagrin, à la douleur & à mille sentimens desagreables. Defauts dont l'être infiniment parfait, ne peut étre susceptible. Et ce qui me persuade que ces sentimens apartenoient au même esprit qui me parloit & qui discouroit avec moi sur les siences; c'est que je m'apercevois quelquefois que le grand froid, ou le grand chaud le troubloient dans ses raisonemens; & que le sentiment qu'il en avoit en certains tems, étoit si vif, & le partageoit tellement, qu'il étoit obligé d'abandoner nôtre sujet d'entretien, pour ne s'ocuper que de sa douleur. Quelle aparence que de telles foiblesses convinssent à l'être infiniment parfait?

XX.

De toutes ces reflexions & ces diverses experiences, je conclus que trouvant d'une part dans ces machines semblables à la mienne, trop d'intelligence & de justesse d'idées, pour n'y pas reconoître un esprit, ou un être pensant; & découvrant, de l'autre, trop de defauts & de foiblesses, dans cet esprit, pour le croire Dieu: je conclus, dis-je, que ces machines sont unies à un esprit créé semblable au mien: & en un mot, que ce ne sont point de pures machines: mais des hommes comme moy.

FIN.

ECLAIRCISSEMENS

Sur la liberté qu'on a prise dans le dernier Chapitre du troisiéme tôme de la connoissance de soi-même, de citer l'Auteur des conversations Chrétiennes.

I.

Qu'IL est malaisé d'écrire, sans se faire des affaires! L'Auteur des conversations Chrêtiennes étoit l'homme du monde avec qui j'aurois moins aimé d'en avoir. Ce n'est pas qu'il ne soit toujours glorieux d'entrer en lice avec lui, quelque issuë que puisse avoir le combat : mais c'est que l'honorant veritablement, je n'avois que de l'éloignement de laisser voir que je pense quelquefois autrement que lui. Cela est si vrai, que m'étant arrivé plusieurs fois en la vie, d'avoir eu sur quelque sujets, des vûës differentes des siennes; j'ay toujours resisté aux instances qu'on m'a faites de les rendre publiques.

II.

Cependant malgré ces dispositions, je me suis malhureusement fait une affaire avec cet illustre ami : (car il veut bien encore me doner ce nom.) J'ay pris la liberté de le citer contre l'amour propre : je me suis flaté qu'il voudroit bien me servir de second en cette occasion : il l'a trouvé mauvais : il a crû que c'étoit le commettre dans l'affaire du Quiétisme. Il s'en est plaint. Il s'est fait un devoir de se justifier de cette erreur. Il s'en est aquité par un traité public. Il y a declaré hautement que par là il

ECLAIRCISSEMENS. 3
prétendoit s'éloigner de mes sentimens. Pouvoit il me faire une plus pressante necessité de me justifier, & de me défendre? son exemple & ses paroles me l'imposent également.

III.

En effet pour commencer par son exemple, si par une simple sitation d'un endroit que j'ay trouvé propre à refuter les égaremens d'un heretique sur l'amour propre, l'Auteur a eu raison de croire que je le rendois suspect de quiétisme; combien plus me le suis-je rendu moi-même? Et s'il a trouvé que je le mettois, par là, dans la necessité de se justifier; combien plus m'en suis-je imposé une pareille? assurement il ne me sieroit pas bien d'avoir moins de delicatesse pour la pureté de ma foy, que lui pour la sienne. Si c'est donc avoir compromis sa foy, que de lui avoir fait dire un mot contre l'amour

A ij

propre ; n'ay-je point expofé la mienne, moi qui, de propos deliberé, ay combattu ce mauvais amour dans un chapitre entier : que dis-je ? dans plufieurs chapitres ; dans une fection entiere ?

IV.

Il eft vrai que je pourois me dire que fa delicateffe fur cela, eft un peu exceffive : qu'il a bien voulu fe faire une occafion de s'expliquer fur un fujet qui fait tant de bruit : que fon exemple en cela, n'impofe nulle neceffité ; & qu'ainfi je pourois me difpenfer de parler ; mais fes paroles ne m'en laiffent pas la liberté. Comme il a declaré dés le commencement de fon ouvrage, qu'il vouloit *s'expliquer fur le quiétifme, & qu'il dit à la fin, qu'il a eu, ou cru avoir de bonnes raifons de s'éloigner de ce que je penfe fur l'amour defintereffé.* Il n'y a perfonne qui joignant ces deux endroits, ne s'imagine que ce que

ECLAIRCISSEMENS. 5
je pense sur l'amour desinteressé doit estre quelque chose de fort afreux, &, en un mot, rien moins que le quiétisme; puisque l'Auteur a crû devoir faire profession publique de s'en éloigner. Je me rendrois donc justement suspect de cette infame heresie, si je demeurois indiferent pour ces soupçons & ces jugemens; & si je ne disois du moins quelque chose pour les repousser.

V.
Enfin ce ne sont pas encore là les seules raisons qui m'obligent à parler sur ce sujet; l'Auteur fait trop de plaintes de moi, pour les laisser sans éclaircissemens; & il affecte trop de s'éloigner de moi, pour que je ne m'efforce pas de m'aprocher de lui: & ainsi je suis redevable au public, à l'Auteur, à moi-même, de deux ou trois éclaircissemens; l'un par raport aux plaintes, ou plutôt aux reproches de l'Auteur: l'autre par

A iij

raport au quiétifme : Le troifiéme par rapott à l'éloignement que l'Auteur témoigne de mes fentimens. Je m'y engage donc d'autant plus volontiers, que loin de faire voir, par là, que je penfe autrement que lui, je pretens au contraire montrer que ce que je penfe fur la queftion qu'il traite, n'eft dans le fond nullement different de ce qu'il en penfe.

I. ECLAIRCISSEMENT

Sur les reproches de l'Auteur.

CEs reproches fe reduifent à fix chefs.

Le 1. eft, *de l'avoir fait parler & malhureufement engagé à expliquer ce qu'il penfe du quiétifme.*

Le 2. *de n'avoir pas bien pris fes fentimens.*

Le 3. *de luy en avoir voulu*

atribuer qu'il n'a pas.

Le 4. D'avoir cité les conversations Chrétiennes, & de n'avoir pas plutôt cité son traité de Morale.

Le 5. De n'avoir pas vû que les paroles que je lui ay empruntées, ne contenoient pas veritablement son sentiment.

Le 6. Qu'il y a dans ses livres des endroits contraires au sentiment que j'ay voulu lui atribuer.

Il ne me sera pas mal-aisé de me justifier sur tous ces faits. Commençons par le premier.

Section I.
I. REPROCHE.

Que je l'ay malhureusemen engagé à s'expliquer sur le quiétisme.

I.

JE prétens, dit-il, *expliquer ce que je pense du quiétisme :* puis

8 ECLAIRCISSEMEES.

Traité de l'amour de Dieu, page, 15. *qu'un de mes amis m'y a malheureusement engagé dans son dernier ouvrage.*

Pour me justifier sur ce premier article, il faut commencer par raporter nettement ce que j'ay fait dans l'endroit ou l'Auteur prétend que je l'ay mis dans ce malhureux engagement.

II.

Dans le troisiéme traité de la conoissance de soi-même, j'ay destiné toute la seconde section de la quatriéme partie, à découvrir les illusions de l'amour propre; & aprés y avoir employé huit chapitres; j'en suis venu dans le neuviéme à faire voir *qu'il se transformoit même en amour de Dieu;* & je m'y suis uniquement ataché à refuter *Abadie,* l'un de ceux qui m'a le plus paru favoriser cette illusion. Et comme cet Auteur confond tellement l'amour propre avec l'amour de

Dieu; qu'il regarde comme *questions vaines & contradictoires* de demander *si les Saints aiment Dieu plus qu'eux-mêmes*; pour le refuter j'ay pris la liberté d'apeler l'Auteur des Conversations à mon secours; & ayant trouvé dans un de ses ouvrages, *qu'il ne sufit pas d'aimer Dieu, ou l'ordre, lors qu'il s'accomode avec nostre amour propre; mais qu'il faut lui sacrifier toutes choses; nôtre bonheur actuel; & s'il le demandoit ainsi; nôtre être propre*; ce principe ma parû si beau, que j'ay cru qu'il n'en faloit pas davantage pour refuter en détail, presque tout ce qu'Abadie avance de plus considerable sur cette matiere.

III.

Cependant m'étant ensuite proposé cette instance d'Abadie; *que les Saints ne peuvent pas sentir la joye de la possession de Dieu, sans s'aimer eux-mêmes à proportion du sentiment qu'ils en ont*; je ne me

„ suis pas contenté de répondre que
„ le plaisir que les bienhureux sen-
„ tent dans la possession de Dieu,
„ les porte & les atache à Dieu, &
„ non pas à eux-mêmes ; & que ce
„ n'est point par raport à ce plaisir,
„ ni à cause de ce plaisir qu'ils aiment Dieu ; j'ay voulu autoriser
cette réponse du credit de l'Auteur, en raportant cet endroit qui
semble n'être fait que pour cela.
„ Quoique le plaisir dont les Saints
„ joüissent, les tiennent insepara-
„ blement atachés à Dieu, ils n'ai-
„ ment point Dieu à cause du plai-
„ sir qu'ils en reçoivent. Dieu est
„ si aimable que ceux qui le voyent
„ tel qu'il est, l'aimeroient au mi-
„ lieu des plus grandes douleurs. Et
„ ce n'est pas l'aimer comme il mé-
„ rite de l'être, que de l'aimer seu-
„ lement à cause qu'il est le seul qui
„ puisse causer en nous des senti-
„ mens agreables..... Le plaisir qui
„ est la recompense & l'atrait des
„ justes, n'en est point la fin. Car les

ÉCLAIRCISSEMENS. II
juſtes s'aimeroient, au lieu d'ai- «
mer leur bien. Dieu mérite d'ê- «
tre aimé en lui-même; & même «
la douceur que l'on goute dans «
ſon amour nous éloigne de lui ; «
ſi nous arêtant à cette douceur, « *Con-
nous ne l'aimons pas pour lui- « verſ.
même : car alors nous nous ai- « Chré-
mons au lieu de lui. * « tien.
                                                      Entre-
                                                      «tien 8.

IV.

Voilà uniquement ce que j'ay fait dans l'endroit dont l'Auteur a eſté bleſſé, & j'ay même uſé ſi ſobrement de ce dernier paſſage, que je me ſuis abſtenu d'y faire la moindre reflexion, quoi qu'il en fournît de ſi belles & de ſi fortes contre l'amour propre & contre les pretentions d'Abadie ; car rien peut-il leur être plus oppoſé, que de dire *que le plaiſir des bienheureux les tient inſeparablement atachés à Dieu* ? N'eſt-ce pas aſſez dire que ce *plaiſir ne les porte pas à s'aimer eux-meſmes*, comme Abadie le pretend ? Y a-t-il

A vj

rien de plus opposé à cette même pretention que de dire que *Dieu mérite d'estre aimé en lui-même, & que la douceur que l'on gouste dans son amour, nous éloigne de lui, si nous arêtant à cette douceur, nous ne l'aimons pas pour lui-même: parce qu'alors nous nous aimons au lieu de luy?* Rien combat-il plus directement l'amour propre, que de dire *que les Saints n'aiment point Dieu à cause du plaisir qu'ils en reçoivent, & que Dieu est si aimable, que ceux qui le voyent tel qu'il est, l'aimeroient au milieu des plus grandes douleurs?*

Je n'ay cependant fait nulle de ces reflexions, tant j'ay usé avec retenuë de ce texte emprunté: je l'ay cité avec la derniere secheresse, sans glose, sans commentaires, & sans autre aplication, qu'à l'unique sujet que je traitois: je veux dire à bannir l'amour propre du ciel, où Abadie l'avoit voulu introduire.

V.

Eſt-ce donc là *avoir malhureuſement, engagé l'Auteur à s'expliquer ſur le quiétiſme?* Eſt-ce l'en avoir rendu ſuſpect que de l'avoir fait combatre contre l'amour propre? ne peut-on ataquer celui-cy, ſans favoriſer celui-là? Si cela eſt: voilà cet amour fort à couvert de toute inſulte, & fort en repos. Eſt-ce enfin ſe rendre complice de cette infame erreur, que de diſtinguer l'amour propre d'avec l'amour de Dieu? Si cela eſtoit: l'Auteur s'en ſeroit lui-même ſouvent rendu complice: puis qu'il a tant de fois avancé *que l'amour propre eſt l'ennemi de l'amour de l'ordre, & qu'il le corromp, en raportant à ſoi ce qui n'y a point de raport.* *

**Trait. de Moral. ch. 3. art. 12. & 15.*

Section II.
II. REPROCHE.
Que je n'ay pas bien pris les sentimens de l'Auteur.

JE dois, dit l'Auteur, *expliquer mes sentimens, puis qu'on ne les prend pas bien.* *

* Page 15.

Il ne me sera pas plus malaisé de me laver de ce deuxiéme reproche, que du premier.

Ne prendre pas bien les sentimens d'un Auteur, en raportant ses paroles, c'est ou en faire une fausse explication, ou leur donner un mauvais tour : ou en faire une injuste aplication. Or il est visible, par le fidéle recit que je viens de faire de mon procedé, que je n'ay rien fait de tout cela.

Qui ne fait ni glose, ni adition, ni commentaire sur des paroles, n'en donne assurement nulle fauſſe explication. Qui ne change nullement leur arangement & leur ordre, n'y donne nul mauvais tour.

Qui n'aplique qu'au renverſement de l'amour propre des paroles qui ſemblent faites exprès pour le ruiner; ne fait aſſurement nulle injuſte aplication de ces paroles.

Il eſt donc de la derniere évidence que dans la citation que j'ay faite des paroles de l'Auteur; je n'ay pû prendre mal ſes ſentimens.

Section III.
III. REPROCHE.

Que j'ay voulu lui atribuer un ſentiment qu'il n'a pas.

N'*En voilà que trop*, dit l'Auteur, *pour prouver que je ne ſuis pas dans le ſentiment qu'on a voulu m'atribuer.* * ⁎Page 55.

I.

Tout le sentiment que j'ay voulu atribuer à l'Auteur, n'eſt que celui qui eſt compris dans ſes paroles. Je ne les ay apliquées qu'à prouver. 1. *Que le plaiſir des bienhureux les porte & les atache à Dieu, & non pas à eux-mêmes.* 2. *Que ce n'eſt pas par raport à ce plaiſir, ni à cauſe de ce plaiſir qu'ils aiment Dieu.* Or les paroles de l'Auteur expriment ces deux veritez d'une maniere beaucoup plus forte, plus claire & plus vive, que je ne les avois avancées. A ne juger donc de mes intentions que par mes paroles, (& ſeroit-il poſſible que l'Auteur en voulût juger autrement?) Il eſt clair que je ne lui ay voulu atibuer nul ſentiment qu'il n'ait pas.

II.

Mais, dit l'Auteur, *je n'examinois pas dans les converſations Chrétiennes, la queſtion dont il s'agit.* *

* Page 49.

Chose étrange que les preventions! La question dont il s'agit dans le Chapitre où j'ay cité L'auteur, est uniquement *la transformation de l'amour propre en amour de Dieu*, comme il paroît par le seul titre; & nullement (ainsi que l'Auteur le croit) la question du quiétisme dont on dispute aujourd'huy. Il ne s'agit pas même de la question de l'amour desinteressé dont on dispute encore presentement. Il ne s'agit que de savoir si *la mesure sans mesure de l'amour de nous-mêmes est le seul lien qui nous atache a Dieu; & si lors que cet amour de nous-mêmes se tourne vers Dieu; il se confond avec l'amour divin*, comme Abadie le pretend. Or il est certain que ces questions sont si diferentes de celle par laquelle on demande *s'il n'y a point d'amour de Dieu qui ne soit interessé*; que de cent personnes qui seront pour l'amour interessé; je mets en fait qu'il ne s'en trouvera pas quatre qui ne rejettent avec horreur ces deux propositions. 1. *Que la mesure sans mesure de l'amour de nous-mêmes soit le seul lien qui nous atache à Dieu.* 2. *Que lors que cet amour de nous-mêmes se tourne vers Dieu; il se confond avec l'amour divin.*

III.

Les questions que j'ay donc agitées dans ce chapitre, auroient pû estre proposées il y a vingt ans, tout comme aujourd'huy, sans relation aux questions presentes. Et effectivement ce chapitre a esté composé plus de deux ans avant la contestation qui fait tant de bruit. Si la chose en valoit la peine; je pourois, sur cela, produire des témoins & oculaires & auriculaires. Et bien des gens savent combien je me recriay contre ces sentimens d'Abadie, dés qu'ils parurent; & le projet que je fis deflors de les combatre quelque jour.

Section IV.
IV. REPROCHE.

Que j'ay cité les conversations Chrétiennes, au lieu qu'il faloit citer le traité de Morale.

JE n'examinois pas, dans les conversations Chrétiennes (dit l'Auteur) la question dont il s'agit. Pour s'instruire de mon sentiment là-dessus, il faloit plutôt lire le traité de Morale que j'ay fait: il est bien plus nouveau que les conversations que j'ay composées il y a plus de vingt ans; on doit croire que les Auteurs sont moins ignorans à cinquante ans, qu'à trente ou quarante. *

* Page 49.

I.

L'auteur supose toûjours que c'est sur le quiétisme, ou sur la question de l'amour desinteressé, que je l'ay cité; & je viens de faire voir clairement le contraire. Mais quand il feroit vrai que je l'aurois cité fur l'amour defintereffé; les reproches qu'il me fait n'en feroient pas mieux fondés; puifque d'une part, je n'ay pas moins lû fon traité de Morale, que fes converfations; & qu'il eft certain de l'autre, que ce traité n'eft pas moins favorable à l'amour defintereffé, que les converfations. En effet, je n'ay pas moins cité celui-là, que celles-cy dans le chapitre de queftion, & je fuis trompé fi l'on ne trouve le paffage pris du traité de Morale, encore plus favorable à l'amour defintereffé, que celuy des converfations. Qu'on en juge: le voicy. *Il ne fufit pas d'aimer Dieu, ou l'ordre, lors qu'il s'accommode avec nôtre amour propre. Il faut lui facrifier toutes chofes, nôtre bonheur actuel; &, s'il le demandoit ainfi, nôtre eftre propre.* *

*Traité de Moral. ch. 3. art. 16.

Peut-on porter plus loin le desinteressement de l'amour ? n'est-ce pas visiblement renoncer à tout interêt propre, que de renoncer même à son être; & que de consentir à n'être plus ? On voit donc bien qu'à m'en tenir au seul traité de Morale; j'aurois pû faire parler l'Auteur tres-avantageusement en faveur de l'amour desinteressé, si j'en avois eu le dessein. Mais je me suis retranché à ne faire usage de cet endroit, que pour prouver que nous devons aimer Dieu infiniment plus que nous-mêmes; & que l'amour de Dieu est tres-diferent de l'amour propre; contre les extravagantes pretentions d'Abadie, *que les Saints n'aiment pas Dieu plus qu'eux mêmes; & que l'amour de Dieu se confond avec l'amour de soi-même.*

II.

J'ay donc cité le traité de Morale aussi bien que les conversations; & je ne vois pas où est la faute d'avoir cité celles-cy.

 C'eſt, dit l'Auteur, que *le traité de Morale regarde bien plus la queſtion dont on diſpute.* *

* Page 4).

 Mais qu'avois-je affaire de la queſtion dont on diſpute ? encore une fois, je n'en voulois, dans le chapitre ou j'ay cité l'Auteur, qu'à cet amour propre qu'Abadie porte juſques dans le ciel.

 C'eſt (ajoûte l'Auteur) *que le traité de Morale eſt plus nouveau que les converſations que j'ay compoſées il y a plus de vingt ans.* *

* La même.

 D'accord : mais y a-t-il quelque obligation, quand on cite un Auteur, de ne citer que ſes nouveaux ouvrages ? J'eſtois ſi prevenu d'eſtime pour tous ceux de l'Auteur, que j'aurois crû les pouvoir citer indifferemment, ſans riſquer d'en eſtre jamais deſavoué. Celui ſur tout pour qui j'aurois moins aprehendé ce deſaveu, étoit le livre des converſations Chrétiennes. Je n'aurois, de mes jours, soupçonné que l'Auteur eut dû me faire un procés de les avoir citées: & moins encore qu'il eut dû les regarder comme un amufement de jeuneſſe. De bonne foy, auroit-il eſté bien content de moi, ſi j'avois oſé negliger, comme l'eſſay d'un jeune homme 1. Un ouvrage compoſé bien depuis l'excellent livre de la Recherche de la verité. 2. Un ouvrage dont il s'eſt fait pluſieurs éditions de l'agrément de l'Auteur. 3. Un ouvrage dont feu Monſieur Arnault, homme peu diſpoſé à rien paſſer à l'Auteur qui pût bleſſer la foy, a parlé avec éloge. 4. Un ouvrage dont l'Auteur a fait faire depuis deux ans, une nouvelle édition revûë & augmentée; diſons, & corrigée même en ſept endroits, dans la ſeule page où ſe trouve le paſſage que j'ay cité, ſans qu'il ſoit changé pour le fond, ou pour l'uſage que j'en ay fait. 5. Un ouvrage qui porte à la teste de cette nouvelle édition, non seulement une nouvelle preface, ou l'on ne retracte rien; mais aussi un billet de l'Auteur au Libraire, où il luy declare *que cette édition est la plus ample & la plus correcte de toutes celles qu'on a faites jusqu'à present, & la seule dont il soit tout-à-fait content.* 6. Un ouvrage enfin qui dans cette nouvelle édition se trouve soutenu de l'aprobation d'un Docteur de Sorbonne, qui declare qu'il ne contient rien de contraire aux regles de la foy & de la veritable pieté. Vraiment j'aurois eu bonne grace d'heziter sur un tel ouvrage: ou de craindre pour lui, le desaveu de son Auteur! Seurement une telle production ne meritoit pas d'être ainsi desavoüée.

III.

D'ailleurs quand j'aurois pû prevoir ce desaveu, pour quelque

que endroit de l'ouvrage; le moyen que je l'eusse prevû pour celui que j'ay cité; lui qui d'une part est si conforme aux principes de l'Auteur, & à ce qu'il a dit, en tant d'endroits, de l'amour de l'ordre; & qui de l'autre, a esté tant de fois retouché & corigé dans sa nouvelle édition? qui auroit crû, après cela, qu'il n'eut pas fait peur à le citer?

IV.

Mais peut être aussi que le tort que j'ay n'est pas de l'avoir cité: mais de l'avoir cité d'une ancienne édition, & non pas de cette nouvelle.

Cela pouroit se dire avec quelque couleur, si par les sept corrections dont je viens de parler, le passage avoit recû quelque changement considerable: mais c'est parce que je n'en ay trouvé nul essentiel, que j'ay crû qu'il estoit assez indifferent pour l'usage que j'en faisois, de quelle édi-

B

tion on le prît : qu'on en juge ; & qu'on voye s'il n'a pas toujours la même force pour mon deffein, le voicy entier : car je n'en avois raporté qu'une partie : & le voicy de la derniere édition.

„ Les bienhureux foufriroient
„ donc les peines des damnés ; si
„ cela eftoit poffible, fans haïr Dieu,
„ parce qu'encore que le plaifir dont
„ ils jouiffent, les tienne infepara-
„ blement atachés à Dieu, ils n'ai-
„ ment point Dieu uniquement à
„ caufe du plaifir qu'ils en reçoi-
„ vent : ils l'aimeroient même dans
„ les douleurs. Car enfin le plaifir
„ n'eft pas tant inftitué pour nous
„ faire aimer (j'entens d'un amour
„ d'eftime, de preference, d'une
„ efpêce de bien-veillance) ce qui
„ le caufe, que pour nous y unir,
„ ou pour nous le faire aimer d'un
„ amour d'union : puis qu'eftant
„ raifonables ; c'eft la raifon qui
„ doit exciter ou regler nôtre a-
„ mour.

ÉCLARCISSEMENS. 27
Le plaisir doit nous apliquer à « la cause qui le produit, & le vrai « bien doit estre capable de le pro- « duire : parce que le vrai bien doit « recompenser tous ceux qui l'ai- « ment veritablement. Mais le plai- « sir qui est l'attrait & la recompen- « se de l'amour des justes, n'en est « point la fin ni la regle : car les jus- « tes s'aimeroient au lieu d'aimer « leur bien : Dieu merite d'estre « aimé en lui-mêmé, &c. «

V.

Encore une fois donc qu'on juge si ce passage, malgré les changemens qu'on y a faits, n'a pas la même force pour mon dessein, que celui que j'ay cité. Il est même aisé de s'apercevoir qu'il en a plus ; & que loin de l'avoir voulu apliquer aux questions dont on dispute aujourd'huy ; j'ay suprimé à dessein, ce qui pouvoit y avoir quelque raport, & sur tout, ces paroles si remarquables. *Les bienhureux sou-*

friroient donc les peines des damnés (si cela estoit possible) sans haïr Dieu.

Section V.
V. REPROCHE

Que je me suis mal à propos imaginé que les paroles que j'ay citées étoient vraiment le sentiment de l'Auteur.

IL ne faut pas, dit-il, s'imaginer que tout ce que dit un Auteur, ce soit veritablement son sentiment. *

* Page 10.

I

Ah! pour celui-là, je l'avouë; si c'est avoir eu tort, que d'avoir crû que les paroles citées contenoient veritablement le sentiment de l'Auteur: j'ay eu ce tort: puisque je l'ay vraiment jugé ainsi; & j'ay eu ce me semble d'assez bonnes raisons pour le croire.

ÉCLAIRCISSEMENS.

En effet sans compter que ce qu'il dit dans ce passage, est tout à fait conforme au reste de sa doctrine, ainsi que je l'ay déja remarqué, & qu'on le poura voir dans la suite; le moyen de ne pas croire que ce qu'un passage renferme aprés avoir esté retouché plusieurs fois par son Auteur, soit veritablement son sentiment? Je ne say point de meilleures regles pour juger du sentiment d'un Auteur; & si l'on se trompe en la suivant, c'est qu'il veut bien nous tromper. Si cela est ainsi, il faudra se faire une nouvelle regle d'interpretation : prendre le contre-pied de tout ce que les Auteurs diront le plus clairement ; & compter que ce sera là leur vrai sentiment.

II.

Mais, ajoûte-t-on, *on dit bien des choses par prejugé, ou sur la foy des autres, & parce qu'elles paroissent d'abord vrai semblables.* *

* *Là-même.*

Qui l'auroit jamais cru, qu'un Auteur qui fait profession de chercher la verité dans la derniere exactitude, un Auteur qui a donné des regles si severes pour la conduite du jugement; un Auteur qui a tant crié contre les prejugés, contre la credulité & la deference à l'autorité humaine, & enfin contre les vrai-semblances, pût un jour se servir de ces retranchemens & voulût qu'on le crût capable de s'abandonner quelquefois à ces mauvais guides?

III.

Voicy cependant encore une autre espêce de retranchement. L'auteur pretend que *ce qu'il a dit*, dans l'endroit où je l'ay cité, *ne regarde qu'indirectement le sujet qu'il traite.* *

* Là-même.

Mais 1. quand cet endroit ne regarderoit qu'indirectement le sujet qu'il traite; cela empêcheroit-il que cet endroit, sur tout aprés avoir esté tant de fois retouché, ne contint vraiment son sentiment?

2. Voyons si cet endroit ne regarde qu'indirectement le sujet qu'il traite. J'en fais juge le public.

Il s'agit en cet endroit, de refuter ce qu'avoit dit *Erafte*, que le plaisir des objets sensibles le portoit *à aimer Dieu & à s'unir à lui. J'en aime Dieu davantage*, disoit-il. Sur cela, voicy de quelle maniere s'y prend *Theodore*, personnage qui prime & qui tient le haut bout dans ces entretiens.

Il commence par lui dire *que l'amour de Dieu, que la joüissance du plaisir cause en lui, est bien interessé; j'ay bien peur Erafte*, dit-il, *qu'aimant Dieu comme l'auteur de vôtre plaisir, vous ne vous aimiez, au lieu d'aimer Dieu.*

Cela ne va pas mal directement contre la pretention d'Erafte; & pouroit même estre justement apliqué à la disposition de bien d'autres gens. Mais voicy encore quelque chose de plus solide, de plus fort & de plus direct.

Il faut aimer Dieu, continuë Theodore, *parce que la raison fait conoître qu'il renferme dans lui, tout ce qui merite nôtre amour: car Dieu veut estre aimé d'un amour éclairé, d'un amour qui naisse d'une lumiere pure, & non d'un sentiment confus, tel qu'est le plaisir.*

Y a-t-il rien de plus droit & de plus solide contre l'amour interessé d'Eraste? Disons contre l'amour de bien des personnes; contre cet amour de Dieu qui n'est fondé que sur l'interêt du plaisir? Mais Theodore pousse encore cecy plus loin & toujours sur la même ligne.

Dieu est si aimable (ajoûte-t-il) *que ceux qui le voyent tel qu'il est, l'aimeroient au milieu des plus grandes douleurs; & ce n'est pas l'aimer comme il le merite, &*

le reste comme je l'ay raporté dans l'endroit de question.

Encore une fois donc, qu'on juge si ce que dit l'Auteur dans l'endroit où je l'ay cité, ne regarde qu'indirectement le sujet qu'il traite.

Section 6.

VI. REPROCHE.

Qu'il y a dans les livres de l'Auteur des endroits contraires au sentiment qu'on a voulu lui attribuer.

Il y a, dit-il, *dans mes livres, cent endroits contraires au sentiment qu'on a voulu m'atribuer.* *   * Page 50.

I.

L'auteur persiste toujours à pretendre que j'ay voulu lui atribuer un certain sentiment : & il paroît assez, sur tout par la fin de son écrit, que ce sentiment est celui de l'amour defintereffé. Mais puifque je n'ay fait qu'aleguer fimplement fes paroles, fans y joindre un feul mot de glofe, qui marquât cette intention ; d'où l'Auteur fait-il fi je l'ay euë, & quel fondement a-t-il de le foupçonner? Le voicy : c'eft qu'effectivement fes paroles établiffent fi bien cet amour; qu'il ne croit pas qu'on puiffe les citer qu'à deffein de faire voir qu'il tient pour l'amour defintereffé.

II.

Cependant s'il avoit voulu fe doner la peine d'y regarder de plus prés ; il auroit bien vû qu'un homme qui auroit eu ce deffein fe feroit bien gardé d'omettre, comme j'ay fait, ce qu'il y a de plus favorable à l'amour defintereffé dans l'endroit que j'ay cité.

En effet que peut-on imaginer de plus à fon avantage ; que de dire, comme a fait l'Auteur, que *l'amour de Dieu que la joüiffance du plaisir causé, est bien interessé: qu'il craint bien qu'Eraste aimant Dieu, comme l'auteur de son plaisir il ne s'aime, au lieu d'aimer Dieu?* c'est pourtant ce que j'ay omis deliberement.

III.

Je sçay bien que c'est à l'occasion de ce qu'Eraste avoit dit que les plaisirs sensibles le portoient à aimer Dieu, que l'Auteur lui dit ces choses; mais qui ne sait qu'il est tres-ordinaire que pour renverser une proposition particuliere, on établisse des propositions generales & des principes qui portent bien plus loin? c'est assez la metode de l'Auteur: il ne manque gueres, en refutant les prejugés & les erreurs, d'etablir certains grands principes qui ont beaucoup plus d'étenduë & de fecondité; ce n'est même souvent qu'afin d'avoir lieu de les produire, qu'il fait passer en revûë certaines erreurs; & pour moi je ne manque gueres en lisant ces endroits, de m'apliquer ces principes, comme des leçons dont je dois profiter. C'est precisement ce que l'Auteur a fait en cette rencontre non-seulement dans ce que je viens d'alleguer; mais plus encore dans ces propositions suivantes qui ont tout l'air de grands principes & de regles que l'Auteur estime incontestables.

Il faut, dit-il, *aimer Dieu parce que la raison fait connoître qu'il renferme dans lui, tout ce qui merite nôtre amour; car Dieu veut estre aimé d'un amour éclairé, d'un amour qui naisse d'une lumiere pure: & non d'un sentiment confus tel qu'est le plaisir*, &c.

Y a-t-il rien de plus formel & de plus exprés pour l'amour desinteressé, que ces grandes & generales maximes, & si j'avois eu le dessein que l'auteur m'atribuë, les aurois-je suprimées?

IV.

Et que l'Auteur ne dife point, s'il luy plaît, qu'elles ne fe trouvent pas dans fes autres livres. Je les y trouve & plus d'une fois; & même jufque dans fon traité de Morale où il me renvoye.

V.

Mais, reprend l'Auteur, *il y a dans mes livres des endroits contraires.*

J'en conviens. Mais lorfque, dans un Auteur, on trouve des endroits contraires; n'a-t-on pas fujet de prendre pour fon fentiment ceux où il parle plus décifivement, plus dogmatiquement; fauf à lui de fe reconcilier avec lui-même? n'aurois-je donc pas pû, fi je l'avois voulu, lui atribuer tres-juftement de favorifer le fentiment de l'amour defintereffé?

VI.

Non replique-t-il; *on peut dire avec verité qu'on n'a de fentiment* déterminé qu'à l'égard des questions que l'on a sérieusement examinées.*

* Page 30.

Voilà une merveilleuse clef, pour se tirer d'affaire en bien des rencontres ; pour dire tout ce qu'on veut sans le dire ; & pour se mettre à couvert des censures, en cas d'alarme.

Elle n'est pas moins propre à parer la plûpart des coups d'autorité dont on seroit ataqué, & à se dégager des passages enbarassants. On n'auroit qu'à dire, comme fait ici l'Auteur, que *tous ces passages qu'on entasse pour se prevaloir de l'autorité (des autres) ne prouvent pas même que ceux que l'on cite ayent eu veritablement l'opinion qu'on leur atribuë : qu'on pouroit souvent prouver le contraire par d'autres passages des mêmes Auteurs : & que peut estre s'ils revenoient au monde ; ils nous diroient de bonne foy, qu'ils n'ont jamais examiné la matiere sur laquelle on pretend décider par leur autorité.**

* Là-même.

VII.

Il est bien vrai qu'après qu'un Auteur a serieusement examiné une question; on peut regarder comme son sentiment déterminé le parti qu'il a pris. Mais il ne me paroît point vrai qu'un Auteur *n'ait nul sentiment déterminé qu'à l'égard des questions qu'il a serieusement examinées*. On ne voit tous les jours que trop d'exemples d'Auteurs qui avancent comme incontestables, & comme leurs vrais sentimens, des choses qu'il est seur qu'ils n'ont point *serieusement examinées*, & auxquelles ils avoüeroient eux-mêmes n'avoir jamais doné qu'une fort legere aplication.

VIII.

Mais enfin quand on passeroit purement & simplement cette regle à l'Auteur; qu'elle meilleure marque pouroit-on avoir qu'il a serieusement examiné la question de l'amour desinteressé; que de le voir refuter un amour d'intereſt, avec autant d'aplication & de repriſes: avec autant de force & d'étenduë qu'il le fait dans l'endroit que j'ay cité; & parler, ſur tout cela, de la maniere du monde la plus deciſive, la plus dogmatique, la plus intrepide?

IX.

Un Auteur. 1. Qui commence par rendre extrémement ſuſpect d'intereſt, un amour exité par la joüiſſance du plaiſir.

2. Qui craint qu'un tel amour de Dieu, ne ſoit un vrai amour de ſoi-même.

3. Qui établit pour regle, qu'*il faut aimer Dieu: parce que la raiſon fait conoître qu'il renferme dans lui tout ce qui merite nôtre amour.*

4. Qui aſſure que *Dieu veut être aimé d'un amour éclairé, d'un amour qui naiſſe d'une lumiere pure; & non d'un ſentiment confus, tel qu'eſt le plaiſir.*

5. Qui ajoûte que *Dieu eſt ſi*

aimable, que ceux qui le voyent tel qu'il est, l'aimeroient au milieu des plus grandes douleurs.

6. Qui pretend que *ce n'est pas aimer Dieu comme il merite de l'être, que de l'aimer seulement à cause qu'il est le seul qui puisse causer en nous des sentimens agreables.*

7. Qui confirme tout cela par l'exemple d'un homme qui ne laisse pas d'aimer un ami qui le maltraite, lors qu'il sait que cet ami ne fait que ce qu'il doit dans le mal qu'il lui fait.

8. Qui de tous ces grands principes conclut que, *si une personne pouvoit concevoir que Dieu doit cela à sa justice que de lui faire sentir de tres-grandes douleurs; elles les devroit souffrir, sans cesser d'aimer Dieu; qu'elle n'aimeroit pas ces douleurs en elles-mêmes: mais qu'elle en aimeroit l'auteur: parce que si l'auteur ne les lui faisoit pas souffrir; il en seroit moins aimable: puis qu'il en seroit moins juste & moins parfait.*

9. Qui en conclut encore *que les bienhureux soufriroient les peines des damnés sans haïr Dieu, parce qu'ils n'aiment point Dieu à cause du plaisir qu'ils en reçoivent.*

10. Qui revient à insister *qu'étant raisonables, c'est la raison qui doit exciter nôtre amour ; & que le plaisir n'est pas tant institué pour nous faire aimer ce qui le cause, que pour nous y unir.*

11. Qui assure que *le plaisir n'est point la fin de l'amour des justes :* & qui pretend que *s'ils en faisoient leur fin ; ils s'aimeroient au lieu d'aimer Dieu.*

12. Un Auteur enfin qui passe jusqu'à soûtenir que *la douceur que l'on goûte dans l'amour de Dieu, nous éloigne de lui, si nous arêtant à cette douceur nous ne l'aimons pas pour lui méme : parce qu'alors nous nous aimons, au lieu de lui.*

Certainement un tel Auteur qui manie & qui dévelope, qui étend, & qui retouche ainsi de suite un sujet : nous persuadera difficilement qu'il ne l'ait pas examiné serieusement; ni qu'il ait fait tant de divers efforts en faveur de l'amour desinteressé; sans avoir eu un vrai dessein de l'établir & de l'inspirer aux hommes. Il conviendra du moins que ses lecteurs ont tout sujet de le croire : que rien n'est moins temeraire que les jugemens qu'ils portent là-dessus : & qu'ainsi quand j'aurois eû le dessein de lui atribuer celui de favoriser l'amour desinteressé, comme il m'en accuse, je ne l'aurois pas formé sans fondement ; & il n'auroit pas sujet de me reprocher d'avoir mal pris son sentiment.

Qu'on juge donc aprés cela, de cette conclusion de son écrit. *N'en voilà que trop, ce me semble, pour prouver que je ne suis pas dans le sentiment qu'on a voulu m'atribuer.* *

* Page 85.

X.

L'auteur peut bien dire (s'il a changé) qu'il n'est plus pour l'amour desinteressé; mais il ne prouvera jamais qu'il n'y ait pas esté. Il peut bien faire un écrit exprés pour se declarer contre cet amour : mais quand il l'auroit combatu par les meilleures raisons du monde (ce qu'il ne me paroît pas qu'il ait fait) cela ne feroit pas voir que dans le 8e. entretien de ses conversations, il n'étoit pas, dans le sentiment de l'amour desinteressé, qu'il pretend que je luy ay voulu atribuer.

Il faudroit qu'il fît voir, par ce même entretien, qu'il n'étoit pas alors dans ce sentiment; & qu'il s'en justifiât par raport à cet entretien ; mais c'est ce que je ne vois point qu'il ait fait, dans son nouveau traité. Or je ne puis dire que ce que je voi; & je puis encore moins dire que je voi ce que je ne voi pas.

Me voilà donc, ce me semble, sufisamment purgé des reproches de l'Auteur. Il faut presentement se purger du soupçon du quiétisme par raport au public.

II. ECLAIRCISSEMENT

par raport au Quietisme.

I.

IL n'y avoit guéres d'aparence que je dûsse être obligé à me purger du soupçon de Quiétisme dans un ouvrage qui, comme celui-cy, peut servir à découvrir une partie des sources de ses illusions. Mais l'Auteur des Conversations Chrétiennes prevenu que je *l'ay malhureusement engagé a s'expliquer* sur cette erreur, a peut-être crû devoir me jetter dans un pareil engagement; & m'en a effectivement fait une espêce de necessité sur la fin de son ouvrage, ainsi que je l'ay déja remarqué. C'est donc pour m'y soûmettre, que je pretends m'expliquer sur ce qui regarde cette erreur, de maniere à ne laisser à personne aucun lieu d'hesiter sur mes sentimens.

II.

Je commence par déclarer que de tous les articles que l'Auteur a touchés dans son nouveau traité, & qu'il affecte de rejetter; je ne vois que le desinteressement de *l'amour de Dieu* auquel je m'interesse. Sur tout le reste, je fais main basse avec plaisir; & quelque disposé que je sois à ceder à cet Auteur, par mille endroits; je ne lui cederai jamais en horreur pour le Quiétisme, & pour ses erreurs.

III.

Mais pour n'être pas obligé à faire ici une ennuyeuse & afreuse liste de celles-ci & de leurs desaveus; je proteste devant Dieu que je rejette & que j'anathematise de tout mon cœur, tout ce que le S. Siege & nos illustres Prelats ont censuré sur cette matiere, & que je m'en tiens purement & simplement à ce qu'ils en ont decidé. voilà ma sincere disposition sur ce sujet.

IV.

A l'égard de l'amour de Dieu, contre le desinteressement duquel l'Auteur paroît ici avoir voulu prendre parti, comme ce ne peut être une matiere de Quiétisme, s'il est bien entendu, & qu'il ne peut revenir à cette erreur, à moins qu'on ne prît ce desinteressement d'une maniere extravagante ; c'est le seul point sur lequel je m'expliquerai avec un peu plus d'étenduë.

Du desinteressement de l'amour de Dieu.

I.

Pour parler sur ce sujet avec quelque netteté, rien n'est plus important, que de commencer par définir juste le terme *d'amour desinteressé*, & marquer clairement l'idée que j'y atache & celles que j'en détache. Car il me paroît que c'est faute de s'entendre & de définir ce terme, qu'on prend des partis si differens : quoique peut-être tout le monde ne pense que la même chose.

Section I.
Ce que c'est que l'amour desinteressé.

I.

Est-il besoin de dire que par l'amour de Dieu que j'apel-

ECLAIRCISSEMENS. 49
le defintereffé, je n'entens nullement cette extravagante difpofition, par laquelle on feroit prêt à renoncer à cet adorable objet; à la prefence de Dieu, à fa poffeffion, à fon union? par laquelle on confentiroit à le perdre pour jamais, à être éternellement feparé de lui, à le haïr, à le maudire dans la fuite infinie des fiecles? Eft-il neceffaire d'ajoûter que j'entens auffi peu cette impie & brutale indiference par laquelle on ne voudroit rien determinement, ni falut, ni recompenfe, ni bonheur, ni Dieu même: & l'on feroit également difpofé à le poffeder, ou le perdre fans refource? N'eft-il pas vifible qu'une pareille difpofition, loin d'être un vrai amour de Dieu, ne feroit qu'une fureur infenfée: ou qu'un defefpoir forcené? je ne fay pas fi elle a jamais pû tomber dans l'efprit de perfonne, ni être regardée comme un amour de Dieu;

C

mais je ſay bien que loin de la prendre pour l'amour deſintereſſé; je ne la regarderois que comme une diſpoſition diabolique, une vraye haine de Dieu; & une impieté conſommée.

II.

Aprés avoir donc banni ces affreuſes idées, je declare que par l'amour deſintereſſé j'entens generalement *celui par lequel on aime un objet pour lui-même, ſans retour ſur ſoi, ſans vûë de propre interêt.*

Et pour apliquer cette idée à l'amour de Dieu, j'entens *cet acte par lequel on aime Dieu pour lui-même, & l'on s'aime pour Dieu, ſans ſe propoſer pour motif de ſon amour, ni plaiſir, ni rien de different de la perfection de Dieu priſe en elle-même.*

III.

Remarquez que je dis *ſans motif de plaiſir,* & non pas ſans plaiſir: car je ſuis plus perſuadé que personne, (comme on a pû le voir dans la quatriéme partie de cet ouvrage *) qu'on ne peut aimer quoique ce soit, sans quelque sorte de douceur & d'agrément. En un mot, qu'il ne peut y avoir d'amour sans quelque plaisir. Il seroit bon qu'on repassât ici ce chapitre.

* Section 3. chap. 3.

IV.

Mais ce plaisir n'est nullement contraire au desinteressement de l'amour: pourvû qu'on n'en fasse qu'un secours, ou un instrument d'action; & non pas son motif. Car il me paroît qu'on doit mettre une grande difference entre les secours ou les instrumens d'un acte d'amour, & son motif: & c'est à quoi l'on ne prend pas assez garde.

V.

1. Les motifs atirent la volonté comme quelque chose qui est hors d'elle, qu'elle desire & qu'elle pretend. Les secours entrent

pour ainsi dire dans la volonté ou se joignent de prés à elle pour l'éxecution.

Je dis que les motifs sont regardés comme *hors de la volonté* : car il n'est pas absolument necessaire qu'ils soient hors d'elle. Le plaisir qui remuë actuellement la volonté comme un principe d'action, peut en devenir le motif, si l'on ne continuë d'agir, que pour faire continuer le plaisir. Mais alors même ce plaisir n'étant regardé que comme futur, est aussi regardé, en quelque façon comme hors de la volonté.

2. Les motifs tiennent beaucoup de la fin & se reduisent à la cause finale.

Les secours tiennent du principe de l'action ; & se reduisent à la cause efficiente.

3. Les motifs ne meuvent la volonté que moralement, comme la fin.

Les secours, ou les instrumens ;

tiennent plus de la Motion Phisique.

4. Enfin les motifs sont toujours quelque chose d'aperçu & même de desiré : au lieu que souvent on ne s'aperçoit pas des secours; on aime souvent, sans songer au plaisir d'aimer. Eclaircissons cecy par quelques exemples.

On donne à un vaillant Prince une puissante armée, pour aler disputer une éclatante couronne. On doit distinguer dans cette entreprise, les secours, ou les instrumens, d'avec les motifs. La nombreuse armée, les finances & la valeur du Prince, n'en sont visiblement que les secours & les instrumens. Mais l'éclat de la couronne & la gloire du succez en sont vraiment le motif & en même tems la fin ; car la fin, dans toutes les entreprises, est le grand motif : & tout motif tient lieu d'une fin, du moins subalterne & moins principale.

Tout de même; dans l'action de manger, la bonne disposition des organes, les saveurs des alimens & les plaisirs qu'ils donnent, sont les instrumens & les secours qui facilitent cet exerce: mais ils n'en sont point; ou, du moins ils n'en doivent point être les motifs: car on ne doit point manger *pour le plaisir*, quoi qu'on ne mange gueres que *par le plaisir*.

En un mot, le motif (comme on le voit par cet exemple) est *ce pourquoi* l'on fait quelque chose, & ce qu'on répond à la question, *pour quel sujet faites-vous cela?* au lieu que les secours sont *ce parquoi* on est aidé à agir, & ce qu'on répond à la question, *par quel moyen avez vous fait cela?*

C'est là le sens ordinaire de ces termes & le plus universellement reçu: & l'on ne peut le changer sans s'opeser à l'usage, & s'exposer à embarasser les esprits.

Cependant si l'on vouloit s'opiniatrer à apeler du nom de *motif* les secours d'une action : il ne faudroit point contester sur ce terme : pourvû que, par là, on n'entendit que ce *parquoi* l'on fait l'action ; & non pas ce *pourquoi* l'on agit.

Section II.

Sentiment sur l'amour de Dieu.

I.

C'Est sur cette idée de desinteressement d'amour, que j'ay toujours crû & que j'avouë franchement que, je crois encore, *qu'il est permis, loüable & même plus parfait d'aimer Dieu d'un amour desinteressé : je veux dire, d'aimer Dieu pour lui-même, & de ne s'aimer soi-même que pour Dieu, sans se proposer pour motif de cet amour, ni plaisir, ni interêt propre, ni rien de different de la per-*

fection de Dieu prise en elle-même.

II.

C'est un sentiment qu'on a eu soin de me donner dés ma tendre jeunesse. On m'a cent fois dit qu'il faloit infiniment plus craindre l'offense de Dieu, que le feu d'enfer : qu'on devoit aimer Dieu jusqu'à être prêt de souffrir mille enfers, plutôt que de l'offenser : & que si l'on avoit eu le malheur de pecher ; il faloit, aprés s'être utilement remué par la vûë des peines & des recompenses, pousser sa contrition jusqu'à ne regarder plus que l'interêt d'un Dieu offensé. C'est un sentiment dans lequel j'ay toujours vû élever les novices des Communautés Religieuses : que j'ay ensuite trouvé dans presque tout ce que j'ay lû de catechismes, de livres de pieté, de Theologiens scholastiques, de maîtres de la vie spirituelle. C'est un sentiment enfin dans lequel je me suis souvent affermi par plusieurs preuves; mais sur tout, par ce court raisonnement.

III.

Il est non-seulement permis, mais même plus parfait d'aimer Dieu d'un amour de charité, que de l'aimer de toute autre sorte d'amour: car la charité est la plus excellente des vertus. * Or le caractere de la charité est d'*aimer Dieu pour lui-même & de ne s'aimer soi-même, ni tout le reste, que pour Dieu, sans motif de propre interêt.* C'est l'idée que saint Paul nous en donne, quand il dit que *la charité ne cherche point ses interêts.* * C'est celle que les Theologiens ont communement suivie, en enseignant que l'objet specifique & formel de la charité est en cela different de celui de l'esperance, qu'il comprend la perfection infinie de Dieu, prise en elle-même, sans raport à nôtre interêt: * au lieu que celui de l'esperance est cette même

* Major horum est caritas.

* Caritas non quærit quæ sua sunt.

* Sine ullo ad nos respectu.

perfection, en tant qu'elle a raport à nôtre bonheur & à nôtre interêt. C'est enfin la definition que celui de tous les peres qui passe pour le plus savant en amour, donne de la charité, dans son traité de la doctrine Chrétienne, en ces termes si clairs & si precis. *J'apelle charité*, dit saint Augustin, *ce mouvement de cœur par lequel on aime Dieu pour lui-même, & l'on ne s'aime soi-même & le prochain, que pour Dieu. Et j'apelle au contraire cupidité ce mouvement de cœur par lequel on s'aime pour soi-même, & non pas pour Dieu.* *

* Caritatem voco motum animi ad fruendum Deo propter ipsum, & se atque proximo propter Deum. Cupiditatem autem motum animi ad fruendum se non propter Deum. Liv. 3. cap. 10.

Remarquez que je traduis le terme de frui, *par celui d'aimer, suivant le sens que saint Augustin lui donne lui-même au chap.* 4. *du* 1. *livre de ce Traité.* Frui, *dit-il*, est amore inhærere alicui rei propter psalm.

IV.

Il estoit difficile de marquer

plus précisement & plus nettement combien la charité est indépendante, dans ses actes, de tout motif interessé. Car puisque le motif, suivant l'idée que je viens d'en donner, est, *ce pourquoi l'on agit* ; il est visible que dés qu'on aime Dieu pour luy-même, & qu'on ne s'aime que pour Dieu ; le plaisir, ni l'interêt propre n'entrent point, comme motifs, dans cet amour. Il y auroit une manifeste contradiction à dire qu'on ne s'aime que pour Dieu ; & que, par le même acte, on agit pour son propre plaisir, & pour son interêt propre. On peut bien aprés cet acte d'amour, en faire un second par un motif interessé : mais ce second, comme tel, n'apartiendra point à la charité : puisqu'il est essentiel à cette vertu, que ses actes soient independans de tout motif interessé. Il est de sa nature, selon saint Augustin, de n'aimer rien que pour Dieu, de raporter tout à Dieu, sans retour sur soi-même. *Tout amour, disent les grands hommes, qui nous porte à desirer un autre bien que Dieu, sans le raporter à Dieu, est déreglé, ou du moins imparfait: loin d'être charité. C'est charité quand on ne desire que Dieu seul. Aimons Dieu pour lui-même: n'aimons rien que par raport à lui, &c.*

V.

Et qu'on ne dise point que ce n'est là qu'une simple definition de nom dont saint Augustin ne fait point de regle, & qui n'empêche pas qu'on ne puisse aimer Dieu & s'aimer soi-même pour quelque autre chose que pour Dieu, ne fût-ce que pour soi. Rien n'est plus opposé à l'esprit de nôtre saint Docteur, que ce commentaire. Rien n'est plus contraire aux principes qu'il établit dans ce Traité. Ils vont tous à faire voir que la definition qu'il y donne de la charité est exclusive de tout amour abſolu de ſoi-mê-me. *Perſonne*, dit-il, *ne doit joüir de ſoi-même: parce que perſonne ne doit s'aimer pour ſoi-même: mais ſeulement pour celui qui doit eſtre l'objet legitime de nôtre joüiſſance.* * Si le ſaint ne croit pas permis de s'aimer pour ſoi-même; on peut bien s'atendre qu'il croira bien moins permis d'aimer quelque autre choſe pour elle-même. Auſſi s'en explique-t-il bien nettement dans la ſuite, en ces termes. *Si donc vous ne devez pas vous aimer vous-même pour vous-même; mais uniquement pour celui qui eſt la fin legitime de vôtre amour; que nul homme ne trouve mauvais que vous ne l'aimiez que pour Dieu.* *

VI.

Je me ſuis encore fortifié dans ce ſentiment par ce beau principe du même Pere, que *c'eſt aimer Dieu moins qu'on ne doit que d'aimer avec lui quoique ce ſoit, ſi on ne l'aime pas pour lui.* * car il eſt

* Sed nec ſeipſo quiſquā frui debet, ſi liquido advertas: quia nec ſeipſum debet propter ſeipſum diligere: ſed propter illum quo fruendum eſt. *De Doct.* xix. *lib.* 1. c. 22.

* Si ergo te ipſum non propter te debes diligere; ſed propter illū ubi dilectionis tuæ rectiſſimus finis eſt; non ſuccenſeat alius homo ſi etiam ipſum propter illum diligis *Ib.*

* Minus Domine

te amat qui tecù a iquid amat quod propter te non amat.

visible que nul amour de Dieu n'est plus desinteressé, que celui qui n'aime avec Dieu, rien que pour Dieu : puisqu'à parler proprement, c'est n'aimer que Dieu. Or il est clair que ce principe suppose qu'on ne doit rien aimer que pour Dieu; & que c'est manquer à ce qu'on lui doit, que d'aimer quoique ce soit, si on ne l'aime pas pour lui. Que cette regle termineroit de differents, si l'on vouloit en faire usage ! Qu'on dise donc tant qu'on voudra qu'on ne sauroit se dispenser d'aimer le bonheur, de chercher son plaisir & son repos; si l'on n'aime tout cela pour Dieu & à cause de Dieu, on aime Dieu moins qu'on ne doit : c'est autant de rabatu sur l'amour dont on lui est redevable: *minus Domine te amat.* Ce n'est pas aimer Dieu de tout son cœur. Car la totalité de cette obligation ne permet pas, au sentiment de saint Augustin, que le moindre

ECLAIRCISSEMENS. 63.
petit ruisseau s'en detache & lui cause la moindre diminution. *Nullum à se rivulum duci extra patitur, cujus derivatione minuatur.* * Là-même.

VII.

Enfin j'ay toute ma vie esté penetré de trois principes qui me paroissent decisifs sur ce sujet.

1. J'ay toûjours regardé comme essentielle l'obligation d'aimer Dieu.

2. J'ay toûjours cru, avec saint Augustin, que *ce n'est pas aimer un objet, que de ne l'aimer pas pour lui-même.* *

3. J'ay toujours vû, avec saint Bernard, que *ce n'est pas aimer un objet pour lui-même, que de l'aimer pour quelque autre chose que ce soit: parce qu'on n'aime absolument que le terme où l'amour tend, & non pas le chemin.* *

Qu'on juge donc quelle consequence je devois tirer de ces principes; & si je pouvois moins

* Non amatur quod non propter se amatur. L. 1 Soliloq. c. 13.

* Quidquid propter aliud amare videaris, id plane amas quo amoris finis pertendit, non peren inferer, sinon qu'il est non seulement permis & loüable ; mais même plus parfait d'aimer Dieu d'un amour desinteressé & pour lui-même ?

<small>quod tendit. L. de Dilig. Deo c. 7.</small>

VIII.

Aussi ne saurois-je croire qu'on puisse serieusement douter que cet amour ne soit permis & plus parfait ; s'il est possible. Mais il y a bien de l'aparence que c'est contre sa possibilité, qu'on se retranche. Comme ce point est une question de pure philosophie ; ce n'est qu'à ce titre, qu'aprés avoir rendu raison de ma foy, j'entreprens d'en dire ici mon sentiment, & de l'établir par quelques preuves.

Section III.
Possibilité de l'amour desinteressé.

I.

JE n'hezite pas à declarer que cet amour pris dans le sens que

ECLAIRCISSEMENS. 65

j'ay marqué me paroît tres-possible. * Je pourois en produire plusieurs preuves. Mais je me reserre à une seule également courte & à la portée de tout le monde.

> *Il seroit bon qu'on relût ici, le 3 chapitre de la Section 3. de la 4. partie de cet ouvrage, où j'examine si le cœur humain peut renoncer à l'amour du plaisir.*

II.

Si Dieu est aimable par ses perfections absoluës ; & si l'on peut l'aimer en vûë de ses seules perfections, sans songer à ses perfections, relatives : je veux dire à celles par lesquelles il a raport à nous. On peut l'aimer d'un amour desinteressé : car alors, c'est l'aimer, sans songer à soi : ce qui est le vrai desinteressement.

Or il est certain que Dieu est infiniment aimable par ses perfections absoluës : car il est aimable selon tout ce qu'il est ; il est encore constant qu'on peut l'aimer en vûë de ces seules perfections ; sans songer aux perfections relatives : il est donc évident qu'on peut l'aimer d'un amour desinteressé.

Dans ce court raisonnement je ne voi rien qui puisse être contesté avec quelque couleur, que cette proposition, qu'*on peut aimer Dieu en vûë de ses perfections absoluës sans songer aux relatives.* Mais il sera aisé de terminer cette contestation; si l'on veut bien faire avec moi, deux reflexions: l'une que ce sont les idées des perfections qui determinent nôtre amour: & l'autre que de deux idées reünies dans un même sujet, l'esprit à le pouvoir d'en contempler une, sans songer à l'autre: car il n'en faut pas davantage pour faire voir qu'il peut en aimer une, sans seulement penser à l'autre. Ce n'est pas que je pretende que l'esprit par sa contemplation, ait le pouvoir de diviser en Dieu, ce qui est parfaitement simple & indivisible; on ne peut aimer Dieu par une perfection, qu'on ne l'aime, pour ainsi dire tout entier : mais alors on l'aime tout entier entant que connu sous cette perfection: & ainsi quand on aime Dieu comme independant, on aime réellement toutes les autres perfections & toute l'essence : mais simplement comme connuë sous l'idée de l'independance; en sorte que cet amour n'est formellement excité que par cette idée; sans que les autres perfections ayent aucune part à cette excitation; puis qu'elles ne sont pas même formellement aperçuës.

III.

En effet est-ce qu'un homme ne peut pas contempler la sagesse de Dieu, sans songer à ses autres perfections ? Est-ce qu'un esprit ainsi uniquement apliqué à contempler la sagesse de Dieu dans ses voyes, charmé des bautés qu'il y aperçoit, ne peut pas aimer Dieu uniquement comme sage, sans songer à ses autres perfections, & sans penser à ses propres interêts ?

IV.

Pour justifier la possibilité de ce fait, il n'est pas même necessaire de faire valoir la faculté qu'à l'esprit de considerer une perfection sans une autre; on n'a besoin que de sa propre limitation : car il se peut fort bien faire que la vûë d'une seule des perfections de Dieu; que, pour ainsi dire la longueur, la largeur & la profondeur de sa sagesse remplisse tellement la capacité qu'un homme a de connoître, sur tout dans l'état imparfait de cette vie: qu'elle en soit comme épuisée; & qu'il ne lui en reste pas assez, pour s'ocuper des autres perfections. Et ainsi comme le cœur ne peut s'ocuper, que de ce qui ocupe l'esprit; le cœur de cet homme poura être tout rempli de l'amour de Dieu, consideré uniquement comme sage : sans qu'il se sente aucun mouvement pour ses perfections relatives, ni pour ses propres interêts, ausquels il ne songe même pas. Cet amour sera donc parfaitement desinteressé; & par consequent l'amour desinteressé est tres-possible.

V.

Mais que dirai-je de l'amour de la verité éternelle, de l'amour de l'ordre, de l'amour de la justice immuable, qui sont tous de vrais amours de Dieu? est-ce qu'on ne peut aimer l'ordre, la verité, la justice, sans songer à être hureux? est-ce qu'on ne poura donner l'aumône à un miserable, qu'à dessein de devenir hureux? est-ce que le seul amour de la justice ne sufira pas pour me porter à délivrer un innocent du gibet, si je le puis par une tres-petite somme? faudra-t-il que le desir de mon bonheur s'en mêle? Etoit-ce par l'amour de son bonheur, & n'étoit-ce pas plutôt par son zele pour la justice, que le Prophête se dessechoit à la vûë des violemments de la Loy? *

*Tabescere me fecit zelus meus quia obliti sunt verba tua nimici.

VI.

En un mot, il est incontestable qu'il n'y a en Dieu nulle perfection par laquelle il ne soit aimable, & infiniment aimable. Il n'est pas moins constant que de ses perfections divines l'esprit peut considerer les unes sans les autres: & c'est même une necessité que borné comme il est, il les considere ainsi à diverses reprises. Il est donc évident que l'esprit peut les aimer les unes sans les autres.

VII.

Que si l'on veut s'opiniatrer à soûtenir qu'on ne peut rien faire de tout ce que je viens d'alleguer, que par une secrête recherche de son bonheur. Il faut donc aussi qu'on reconoisse qu'on ne peut faire nulle bonne action que par un secret amour propre: car quoique je sois persuadé que l'amour du bonheur bien pris, apartienne à la charité; il est certain que cette secrête recherche du bonheur qui se glisse naturellement & sourdement dans les actions des hommes, n'est qu'un vrai amour propre : car ils ne conçoivent ce bonheur que sous l'idée confuse de quelque chose qui se raportera à eux & qui sera propre à les contenter ; & nullement sous l'idée distincte d'un être infiniment parfait auquel ils doivent se raporter, comme à leur derniere fin.

Et ainsi ce desir, cette recherche deliberée du bonheur dont on soûtient que nous ne pouvons nous defaire, ni nous deprendre en aucune de nos actions, nous mettroit dans une vraye impuissance d'aimer Dieu autrement que par amour propre, & que par raport à nous ; en un mot, dans une vraye impuissance d'aimer Dieu: puisque, comme nous l'avons déja tant dit, on n'aime point, à proprement parler ce qu'on n'aime que pour un autre.

VIII.

Mais qui peut tranquillement foufrir qu'on dife que Dieu, qui conftamment ne nous a faits que pour l'aimer; nous ait reduits à une vraye impuiffance de l'aimer: ou du moins de l'aimer d'un amour de charité: car le carractere de la charité eft de n'aimer rien que pour Dieu, loin d'aimer Dieu pour quelque autre chofe: & quiconque n'aime Dieu que par raport à foi: quiconque fe defire Dieu, pour en demeurer là & s'arêter en foi-même; renverfe tout l'ordre de la charité: il ufe de Dieu, & joüit de foi-même.

IX.

Il eft donc faux qu'on ne puiffe agir que par amour propre; faux qu'on ne puiffe faire nulle bonne action, qu'en vûë ou par une fecrette recherche deliberée de fon

bon-

ECLAIRCISSEMENS. 73
bonheur, faux enfin qu'on ne puisse aimer la verité & l'ordre immuable de la justice d'un amour parfaitement desinteressé.

Voyons neanmoins ce qu'on peut oposer à la possibilité de cet amour.

Section IV.
Objections contre la possibilité de l'amour desinteressé.

1 *Objection.*

LE desir du bonheur est visiblement interessé : or Dieu nous a faits avec un desir & un penchant invincible pour le bonheur : il n'y a donc point d'amour de Dieu, qui ne doive renfermer ce desir interessé.

Réponse.

La premiere proposition de cet argument n'est point absolument vraye, on peut desirer son bonheur d'une maniere tres-desinte-

D

ressée. Ne le desirer que pour le bon plaisir de Dieu, que pour sa gloire ; qu'entant que l'ordre le demande ; ne chercher de bonheur que celui d'être à Dieu, de l'aimer, de s'unir à lui, de lui apartenir, de le voir regner parfaitement sur les esprits ; & de le voir être tout en toutes choses ; ce sont autant de diverses manieres de desirer le bonheur avec un parfait desinteressement.

Mais quand je passerois cette premiere proposition. La consequence n'en seroit pas moins fausse. On pouroit bien conclure que ce penchant pour le bonheur devroit être toujours en nous : mais non pas qu'il dût necessairement entrer dans tous nos amours : car on peut fort bien n'y pas songer, & ne s'y pas apliquer, par une forte aplication à un autre objet. Ce penchant n'est en nous qu'à la maniere des habitudes : or les plus violentes habitudes ne se mêlent pas toujours dans toutes nos actions. Le plus avare de touts les hommes n'est pas toujours ocupé de son avarice ; il peut même quelquefois faire quelque actions de liberalité.

2. Objection.

Songez-y, ou n'y songez pas : vous ne sauriez vous empêcher d'aimer le bonheur ou le plaisir

Réponse.

Non, d'un amour naturel & indeliberé : mais par un amour libre, éclairé & raisonable, je puis me porter ailleurs qu'à ce qui m'est naturellement representé comme mon bonheur ou mon plaisir; l'amour libre ne se conforme pas toujours à l'amour naturel; il peut resister, & resiste même souvent à son mouvement.

3. Objection.

Quelque part qu'on se porte par son amour libre, le penchant qu'on a pour le bonheur, ou le plaisir étant invincible, on ne peut absolu-

ment le suprimer ni le détruire.
Réponse.

D'accord, c'est une verité que j'ay reconuë comme incontestable, dans la derniere partie du dernier traité. * Mais nous pouvons tres-souvent, comme je l'ay dit au même lieu, nous empêcher d'en suivre l'impression ; sur tout avec le secours de la grace, & nous porter ailleurs, par un amour libre, éclairé & raisonnable.

Sec. 3.
chap. 3.

4. *Objection.*

Mais, dira-t-on, l'amour par lequel on fait tous ces renoncemens & ces sacrifices, enferme toujours quelque plaisir.

Réponse.

D'accord, c'est encore ce que j'ay fait voir au lieu que je viens de citer. Mais 1. on n'en fait que son soûtien ; & non pas son motif. 2. Le plus petit plaisir, la seule douceur d'aimer, prise dans la plus grande precision, sufit pour cela ; sur tout si cet amour est autorisé par la lumiere & par la raison. Est-ce donc là ce bonheur auquel on soûtient qu'on ne peut renoncer? que cela est mince!

5. Objection.

Du moins, c'est renoncer à un grand bonheur par l'amour & le motif d'un petit bonheur; & ainsi il est toujours vrai qu'on ne peut aimer Dieu d'une maniere parfaitement desinteressée.

Réponse.

Je répons que c'est, à la verité renoncer à un grand bonheur par le sentiment actuel & le secours d'une espêce de bonheur : car tout plaisir est une espêce de bonheur: mais nullement par le motif & l'amour du bonheur ; car comme je l'ay dit, il y a une extréme difference entre le motif d'une action, & le secours, ou l'instrument de cet action. Le motif d'une action doit être aperçu de l'entendement & proposé à la volonté : or ce plaisir, ou cette espêce de douceur qui acompagne l'amour, n'est d'ordinaire pas aperçuë : & ainsi c'est renoncer à un bonheur aperçu & de reflexion, par l'impression d'un plaisir direct & imperceptible, ou du moins non aperçu : mais cela n'empêche nullement que l'amour ne soit desinteressé, puisque si l'on a du plaisir, loin d'en faire son motif, on n'y songe seulement pas. D'ailleurs quand on y songeroit, ce plaisir est si peu la raison d'aimer ; que cet amour dût-il être sans plaisir ; on se sent disposé par le seul motif de la perfection & de l'excellence divine, à preferer Dieu infiniment à soi-même & à son bonheur formel ; de sorte qu'il est vrai de dire que le plaisir n'ajoute rien, comme motif, à cet amour de preference. Et veritablement il y auroit contradiction à dire qu'un amour qui fait preferer infiniment Dieu à soi-même & à son propre bonheur, relevât indispensablement du motif du plaisir qui fait partie de nous-mêmes, & qui constituë l'essence du bonheur. La charité par sa nature nous faisant preferer Dieu à toutes choses & à nous-mêmes, doit être, par elle-même independante de tout motif interessé : & c'est aparemment ce que saint Paul nous a voulu marquer par ces deux mots: *caritas non quærit quæ sua sunt.*

6. *Objection.*

Puisque l'amour actuel porte avec lui son plaisir, ce plaisir est aussi actuellement present que l'amour ; on peut donc aussi peu s'empêcher de songer au plaisir, qu'à l'amour.

Réponse.

On peut aussi peu s'empêcher de sentir le plaisir ; que de sentir l'amour : mais on peut tres-bien, par une forte aplication à l'objet aimé, ne s'apercevoir ni de l'un ni de l'autre : ne faire nulle reflexion ni sur l'un, ni sur l'autre,

& moins encore sur le plaisir, que sur l'amour.

Il me paroît qu'on peut user du plaisir qu'on trouve à aimer; comme du plaisir qui se trouve à manger. L'amour du cœur est la manducation de l'esprit; & il n'est gueres plus possible de manger sans plaisir, que d'aimer sans douceur. Comme donc on peut, malgré le plaisir des alimens, manger sans songer au plaisir, sans s'y apliquer, sans y faire reflexion; on peut aussi malgré le plaisir de l'amour; aimer sans songer à ce plaisir & sans y faire la moindre atention.

Je dis plus: comme malgré la reflexion actuelle sur le plaisir de manger, on pouroit encore, & l'on devroit même ne pas manger pour le plaisir, & ne prendre pas le plaisir pour motif de cette action; mais seulement comme un simple secours & un moyen; de même malgré la reflexion actuelle sur le plaisir d'aimer, on pouroit tres-bien ne pas aimer pour le plaisir : on pouroit ne faire de ce plaisir que le secours & le soûtien de l'amour ; & non pas son motif.

Tant qu'on ne distinguera point le plaisir pris comme *le sel & l'assaisonement* de l'amour, d'avec le plaisir pris comme le motif de l'amour, toute cette contestation ne roulera que sur de perpetuelles équivoques. C'est particulierement delà que dépend le denoüement de la question.

Et ainsi que l'on dise tant qu'on voudra, qu'on ne peut aimer sans plaisir; qu'on ne peut rien vouloir, rien chercher qu'avec quelque sorte de plaisir : qu'on ne peut aimer que ce qui plaît : qu'on ne peut aimer les perfections absoluës de Dieu, si elles ne nous touchent agreablement ; rien de tout cela ne conclura jamais qu'on ne puisse aimer Dieu d'un amour de-

D v

finterefſé : à moins qu'on ne prouve qu'on eſt abſolument neceſſité de faire ſon motif de ce plaiſir qui acompagne l'amour. Mais c'eſt ce qu'on ne prouvera jamais. Le ſentiment interieur que nous avons de tout ce qui ſe paſſe en nous, nous répondra toujours qu'il dépend de nous de ne prendre ce plaiſir, que comme un ſecours d'action : & non pas comme ſon motif ; qu'il eſt en nôtre liberté de n'uſer de ce plaiſir, que comme on uſe de celui des viandes : en un mot d'aimer comme en paſſant par le plaiſir ; & non pas pour le plaiſir.

7. Objection.

Que cela eſt abſtrait ! dira-t-on ; c'eſt reduire la religion à la ſubtilité des preciſions Metaphiſiques.

Réponſe.

C'eſt ici où le cœur eſt plus ſavant que l'eſprit. Celui-cy s'effraye & s'embaraſſe de quelques expressions, pendant que la chose même est tres-familiere & tres-aisée au cœur. L'arangement de ces termes peut paroître extraordinaire à l'esprit. Mais à un cœur qui sait ce que c'est qu'aimer, rien n'est ni plus commun, ni plus ordinaire que ce qu'ils signifient.

Priez une honête femme qui aime fortement, mais chastement un mari d'une charmante jeunesse & d'une éclatante fortune, de sonder son propre cœur, & de vous dire si l'une & l'autre n'ont pas beaucoup de part à son amour. Elle se recriera qu'elles n'y en ont nulle : qu'elle ne fait nulle reflexion sur ces avantages ; & que dût-il les perdre à l'instant, elle ne l'en aimeroit pas moins. Insistez encore une fois & pressez là de vous declarer si du moins le rang & la consideration que son mari lui donne dans le monde, & le plaisir qui lui revient de sa compagnie n'entrent pas un peu dans son amour. Elle vous dira qu'elle y songe aussi peu qu'à tout le reste : qu'elle ne s'ocupe ni de rang, ni de fortune, ni de plaisir, ni de rien de ce qui la touche : mais uniquement de ce qui regarde son mari ; & que toute son aplication ne va qu'à lui plaire. C'est un exemple dont saint Augustin s'est souvent servi & qu'on ne peut pas raisonablement traiter de vaine idée. Voicy de quelle manière une de ces épouses dont le nom & l'esprit sont assez connus, s'en explique à son époux, non pas dans un transport passager : mais dans une lettre écrite avec le plus de reflexion & de tranquillité. *Dieu sait*, dit-elle, *que je n'ay jamais cherché en vous, que vous-même : c'étoit vous & non pas vos dons que je souhaitois : je n'ay esté touchée ni de l'honeur des alliances, ni des autres avantages qui suivent le mariage. Enfin, vous le savez, je*

ECLAIRCISSEMENT.

n'ay songé qu'à vous rendre hureux & content; & non pas à le devenir moi même. * Que si l'amour profane peut aler jusqu'à ce degré de desinteressement; croira-t-on que l'amour de Dieu n'y puisse aler?

On trouvera, sans doute, l'amour de ces femmes d'une Metaphisique bien abstraite & d'une precision bien subtile. Ce sont neanmoins subtilités qu'elles n'ont point aprises dans l'école. C'est une Metaphisique que la nature enseigne aux cœurs les plus simples & les moins éclairés. Le cœur humain, quand il aime bien, est naturellement le plus grand de tous les Metaphisiciens. Il va droit à son but, sans detours & sans retours. Quelque caché que soit son objet, quelque envelopé qu'il soit d'ornemens étrangers; il le démêle en un instant, & le dégage de tout ce qui ne lui apartient pas; & cela avec

* Nihil unquam, Deus scit, in te, nisi te requisivi, te pure, non tua concupiscens, non matrimonii fœdera, non dotes aliquas expectavi, non denique meas voluptates, aut voluntates, sed tuas, sicut ipse nosti, adimplere

plus de precision & de subtilité, que l'homme du monde le plus scolastique ne pouroit l'exprimer en bien du tems, par un grand nombre de termes & de tours. Qu'on ne s'effraye donc point de ces expressions : ou qu'on les suprime même tout à fait, si on le veut. Il n'y a qu'à éclairer le cœur : (je supose toujours les secours necessaires.) Il ne faut que lui montrer combien Dieu est aimable : & puis le laisser faire. Il saura bien l'aimer pour lui-même ; & je suis persuadé qu'il y a bien des gens qui l'aiment beaucoup mieux, qu'ils ne s'en expliquent. Et ainsi reduire le cœur humain, dans l'amour de Dieu, à ce qu'on apelle *abstractions Metaphisiques*, ce n'est que le laisser aler son train ordinaire dans les choses qu'il aime veritablement.

De ce que nous avons dit jusques ici, il seroit aisé de répondre

studui. Ep. 2. Heloisse ad Abelard.

ECLAIRCISSEMENS. 87
à quelques objections qu'on pouroit tirer de la nature & de la necessité de la grace.

8. *Objection.*

Rien n'interesse plus que le plaisir : or la grace necessaire à chaque bonne action est un saint plaisir. Il faut donc de deux choses l'une; ou que cette grace ne nous soit point donée ; ou qu'elle rende impossible l'amour desinteressé.

Réponse.

Je conviens que naturellement rien n'interesse tant un cœur que le plaisir : il est cependant certain que, par son amour libre, il peut y resister : autrement JESUS-CHRIST nous auroit prescrit une perfection impossible : puisque toute la perfection de l'Evangile ne consiste qu'en une perpetuelle resistance à tous nos plaisirs naturels: dans l'acceptation & même dans la recherche des croix & des amertumes ; en un mot dans un continuel renoncement à soi-même. Je say bien que ce renoncement ne se peut faire, que par le secours de la grace : mais cette grace n'est pas toujours un plaisir sensible : ce n'est souvent qu'une amertume répanduë sur les plaisirs des sens. Enfin lors même que la grace est un plaisir ; on peut tres-bien y resister (quoi qu'on ne le doive jamais) & effectivement on n'y resiste que trop souvent.

De plus le plaisir de la grace est de telle nature, que par lui-même, il ne nous interesse que pour Dieu : il ne nous porte qu'à Dieu, qu'à l'aimer, qu'à nous y unir, qu'à nous y atacher, sans retour d'amour propre sur nous-mêmes : & il faut bien que cela soit ainsi, si la grace n'est que l'amour même comme doux, ainsi que le veut saint Augustin.

Enfin quel que soit ce saint plaisir; on peut tres-bien suivre son impression, sans en faire son motif. Et ainsi l'amour desinteressé n'est opposé ni à la nature de la grace, ni à sa necessité.

9. Objection.

On ne peut s'empêcher de regarder Dieu comme son souverain bien. Or l'aimer sous ce regard, c'est l'aimer d'une maniere interessée : puisque c'est l'aimer par raport à soi, & à son bonheur formel : on ne peut donc se dispenser d'aimer Dieu avec interêt.

Réponse.

Quoi qu'il en soit de la premiere proposition que je n'examine pas presentement ; je répons qu'aimer Dieu comme son souverain bien, n'est pas necessairement l'aimer d'une maniere interessée. On peut l'aimer ainsi par conformité à sa sainte volonté, pour sa gloire, pour son bon plaisir : ce qui est tres-desinteressé. On peut se desirer le souverain bien par un mouvement de charité. Or la charité n'est nullement interessée. *Le propre de la charité* (dit un excellent Auteur) *est de s'atacher à Dieu, non pas pour le plaisir, l'utilité, ou la gloire qu'on peut y trouver: mais parce que l'ordre immuable de la justice demande que la creature se raporte ainsi à son createur.*

Et c'est en cela que l'amour de charité, d'amitié & de *bien-veillance* est different de l'amour de pure *concupiscence*, que celui-cy n'aime le souverain bien que pour le raporter à soi, se complaire en soi-même, & en demeurer là: au lieu que la charité, ou l'amour de bien-veillance n'aime rien, ne se desire & ne cherche rien que pour Dieu & pour lui raporter comme à sa derniere fin, tout ce qu'elle obtient, tout ce qu'elle acquiert, tout ce qu'elle possede, plaisir, bonheur, joüissance, possession de Dieu. Elle lui raporte, dis-je, tout cela non pas par des directions d'intention aprés coup, ou détournées : mais par un mouvement simple, direct, & de plein vol.

Qu'on y prenne donc bien garde ; aimer Dieu comme son souverain bien, n'est pas le raporter à soi, pour en demeurer là & s'arêter en soi-même : ce seroit renverser tout l'ordre de la charité : ce seroit s'aimer pour soi-même & n'aimer Dieu que pour soi. Ce seroit joüir de soi-même & user de Dieu : ce qui est le plus grand des crimes. Personne, dit saint Augustin, *ne doit joüir de soi-méme, parce que nul ne doit s'aimer pour soi-méme. On ne doit s'aimer que pour celui dont il est permis de joüir. Dés qu'on vient à s'aimer pour soi-méme, on ne se raporte plus à Dieu : mais à soi-méme.* *

* L. 1. de Doct. Christ. c. 22.

On voit donc bien que rien ne peut directement ébranler la possibilité de l'amour desinteressé ; & que c'est inutilement faire des efforts que de ne s'y prendre que par le penchant invincible que nous avons pour le bonheur. Mais voicy d'autres endroits par lesquels on pouroit croire y mieux réüssir : ce sont de facheuses consequences dont on le charge.

10. *Objection.*

Cet amour, dit-on, pouroit porter à une malhureuse indolence, ou indiference pour le salut & pour la recompense éternelle; & peut-être même au libertinage.

Réponse.

Ces consequences sont si affreuse & si abominables, que si elles étoient justes: je renoncerois pour jamais à l'amour desinteressé : mais que c'est peu savoir ce que c'est que le salut, le salaire éternel, & l'amour desinteressé, que de s'imaginer que celui-cy porte à l'indiference pour ceux-là ! c'est precisément comme si l'on disoit que l'amour donne de l'indiference pour l'amour. Je ne conois de salut, que d'être à Dieu, que de l'aimer, que de lui apartenir, que de lui être parfaitement assujêti: que de le voir pleinement regner sur toutes mes puissances, sur tout mon être. Or loin de me doner de l'indiference pour tout cela: l'amour desinteressé ne m'y donne que de l'ardeur, que de l'activité, que de l'empressement. Il ne me desinteresse sur tout le créé, que pour me porter à Dieu avec plus de force & de vivacité. Que pour me lier à lui plus immediatement, plus étroitement: enfin que pour m'atacher à lui sans milieu, & sans retour; comme cela sera de ciel

Ce que je dis du salut, je le dis de la recompense éternelle. Je ne conois de vraye recompense éternelle, que de loüer & d'aimer Dieu, sans partage, sans distraction, sans interruption, sans que le corps fasse obstacle à la comtemplation de l'esprit. En un mot pour recompense d'avoir aimé Dieu, autant qu'on l'a pû en cette vie; je ne say rien de meilleur que de brûler de son amour pendant de perpetuelles éternités; en sorte que la parfaite consommation de l'amour dans le ciel soit la recompense de l'amour commencé en cette vie.

Or loin que le desinteressement de l'amour donne de l'indiference pour cette sorte de recompense; qu'au contraire il la fait desirer avec une ardeur incroyable: non seulement parce que l'amour ne tend qu'à sa conversation, à sa perseverance, à sa perfection; mais particulierement parce que cet amour, desinteressé sur tout le reste, & principalement touché & animé du desir de la gloire de Dieu, se porte vivement à tout ce qui peut l'avancer & l'augmenter: ce que fera la parfaite consommation de l'amour en l'autre vie.

Dieu est tout mon salut : *Dominus salus mea* : il est toute ma recompense : *præmium Dei ipse Deus.* * Je veux l'aimer jusqu'à mépriser tout, renoncer à tout pour lui; lui sacrifier jusqu'à mes plus cheres inclinations: & je pourois craindre qu'un tel amour ne me jettât dans l'indiference pour mon salut, ou pour la recompense éternelle, ou qu'il ne me portât au libertinage : quel paradoxe !

* S. Aug. in Psal. 72.

Qu'on juge au reste lequel des deux sentimens est moins propre à porter au libertinage : ou de celui par lequel on soûtient que Dieu ne nous a faits que pour le plaisir, ou le bonheur formel : qu'on ne peut, s'empêcher de chercher son plaisir : qu'on n'est pas maître d'y renoncer : qu'on ne peut se porter à Dieu que par le motif du plaisir : que tout motif n'est qu'une agreable modification de soi-même : qu'on ne peut agir déliberément que pour le plaisir; qu'on ne peut agir que par sa volonté, & qu'elle est essentiellement amour du plaisir; en un mot, qu'on ne peut rien aimer non pas même Dieu, que pour le plaisir: parce que Dieu nous a faits tels; & qu'on ne peut se changer soi-même. Qu'on juge, dis-je, lequel porte moins au libertinage, de ce sentiment: ou de celui par lequel on soûtient que Dieu ne nous a faits que pour lui, que pour l'aimer & le loüer; qu'on ne doit souhaiter d'être hureux qu'entant & autant que l'ordre le demande: qu'il faut tres-souvent gourmander ses plaisirs: resister au penchant que l'on a pour la volupté: ne faire jamais du plaisir son motif ou sa fin: qu'on doit sacrifier à l'amour de l'ordre immuable de la justice, tout ce qui flate le plus: & qu'enfin on peut aimer Dieu pour lui-même, sans faire du plaisir, le motif de son amour. *Conclusion.*

Conclusion.

Voilà donc ce que je pense de l'amour désinteressé : voilà l'unique sens auquel je l'admets & selon lequel je le croy permis, loüable, possible, & plus parfait. tout autre desinteressement qui iroit à ne vouloir point de Dieu, qui ne se soucieroit ni de le posseder ni d'en être possedé, ni de lui être uni, ni de le loüer, ni de l'honorer pendant l'éternité ; qui banniroit toute vigilance, toute priere, toute étude de perfection, toute esperance, tout desir de son salut : un tel desinteressement, dis-je, ne seroit qu'un brutal assoupissement. Un tel amour ne seroit pas desinteressé : mais insensé. Ce ne seroit pas amour de Dieu, mais l'amour extravagant d'une chimere : ou d'un phantôme d'imagination. C'est du moins ainsi, que je le regarderois.

Au reste je ne pense pas qu'il

soit besoin d'ajoûter qu'en disant que je croi qu'il est permis d'aimer Dieu d'un amour desinteressé; je pretende qu'il soit défendu de l'aimer aussi par le motif de sa beatitude, & de son repos. J'ay trop d'interêt que l'amour mêlé de ce motif soit legitime & justifiant : puisque je ne say si de mes jours, il m'est arivé de m'élever plus haut. Il est aisé de parler de la perfection : mais que, souvent de la langue au cœur la distance est grande !

Encore une fois, voilà mes sentimens sur l'amour desinteressé : ont-ils quelque chose de si afreux, qu'ils meritassent que l'Auteur des conversations fît profession publique de *s'éloigner de ce que j'en pense,* & de chercher des raisons pour cela? je pourois peut-être, à mon tour, chercher & trouver d'assez *bonnes raisons* pour m'éloigner de ce qu'il a nouvellement écrit sur ce sujet : mais à

Dieu ne plaife que je contribuë au fchifme, & que je me defuniffe d'avec un illuftre ami, qui fur quelque mal entendu, a crû devoir s'éloigner de moi: plus il affecte d'éloignement; plus je veux m'aprocher de lui, & m'efforcer de faire voir qu'aprés tout, nous ne penfons guéres que la même chofe fur l'amour defintereffé; & que toute la diference qu'il y a, eft qu'il va beaucoup plus loin que moi, fur la route que j'ai prife.

III. ECLAIRCISSEMENT.

Paralléle des fentimens de l'Auteur des converfations avec ceux de l'Auteur de la connoiffance de foi-méme fur l'amour defintereffé.

I.

MEs fentimens fur cet amour fe reduifent à ces trois propofitions.

1. Qu'il est permis, loüable, plus parfait & possible d'aimer Dieu pour lui-même & de s'aimer pour Dieu, sans se proposer pour motif ni gloire, ni plaisir, ni rien de diferent de la perfection de Dieu prise en elle-même.

2. Que le desinteressement de l'amour demande que l'on n'use du plaisir d'aimer, que comme d'un soûtien de l'amour, & nullement comme d'un motif, ou d'un sujet de propre complaisance : & qu'ainsi loin de n'aimer Dieu que pour son propre plaisir; on ne doit vouloir le plaisir même surnaturel, que pour aimer Dieu.

3. Que quelque penchant qu'on ait naturellement pour le bonheur. On peut lui resister par son amour libre, éclairé & raisonnable ; & se porter ailleurs qu'où il nous porte.

Or j'ay, ce me semble, plus de preuves, qu'il n'en faut pour faire voir que, si je suis diferent de l'Auteur des Conversations sur ces trois chefs, ce n'est que parce qu'il les soûtient plus fortement & qu'il les porte plus loin que je ne le fais. Commençons par la premiere proposition.

Section I.

I. PROPOSITION.

Qu'il est permis, loüable, possible & plus parfait d'aimer Dieu pour lui même (†) de ne s'aimer que pour Dieu, sans se proposer pour motif ni gloire ni plaisir, ni rien de different de Dieu même.

I.

Comme l'Auteur n'a guéres fait d'ouvrages où cette verité ne soit suffisamment marquée, ou même prouvée, je me passeray aisément de ce que les conversations chrétiennes fournissent sur ce sujet; puisque l'Auteur ne trouve pas bon qu'on les cite; & même pour pousser la complaisance aussi loin qu'il peut le desirer; je ne me serviray guéres que de son traité de Morale, auquel il me renvoye.

Ce qu'il y dit de l'amour de l'ordre, peut seul sufire pour prouver cette proposition. Il semble qu'il l'ait euë perpetuellement en vûë, par quelque endroit qu'il ait consideré cet amour, soit 1. dans sa nature, ou 2. dans ses dispositions, ou 3. dans ses divers raports avec l'amour de la beatitude, ou 4. dans sa difference d'avec l'amour d'union, ou 5. dans les sacrifices qu'il exige.

§. I.

De l'amour de l'ordre consideré dans sa nature.

Rien n'est plus desinteressé, que l'idée que l'Auteur nous donne de l'amour de l'ordre. C'est, selon lui, *la vertu mere, la vertu fondamentale & universelle, l'unique vertu*; vertu qui fait *tout sacrifier à* son objet; *plaisir, repos, bonheur, soi-même.* Vertu dont l'objet extrémement *abstrait, est de dificile accés*, & qu'on ne peut aborder qu'en *faisant taire le bruit confus des sens, de l'imagination & des passions*. Vertu enfin qui n'est point diferente de *la charité:* * & qui, comme elle, nous fait *aimer Dieu non seulement plus que toutes choses, mais infiniment plus que toutes choses: parce qu'entre l'infini & le fini il ne peut y avoir de raport fini.* *

* *Traité de Morale c. 1. &*

* *Ibid. c. 3.*

Or cet amour, suivant l'Auteur, n'est pas simplement possible: il est même de precepte. Voicy ce qui prouve assez bien l'un & l'autre.

L'homme peut suivre (c'est-à-dire aimer) *l'ordre, malgré les efforts de la concupiscence: il peut sacrifier son repos à la verité, & ses plaisirs à l'ordre.* * Il ajoûte que *le principal de nos devoirs, celui pour lequel Dieu nous a creés est la connoissance de la verité & l'amour de l'ordre.* * Paroles qui font bien voir qu'il le croit de precepte.

* Mor. ch. 1.

* Là-même.

Pour marquer maintenant combien il pretend que cet amour soit exemt de retour sur soi-même & independant même du desir du bonheur. *Apliquons-nous*, dit-il, *à conoître, à aimer, à suivre l'ordre: travaillons à nôtre perfection. A l'égard de nôtre bonheur, laissons-le entre les mains de Dieu, dont il dépend uniquement.* * *Nous devons*, dit-il encore ailleurs, *remettre entre les mains de Dieu nô-*

* Là même

tre propre felicité & nous apliquer
uniquement à nôtre perfection *   * Mor.
                                     c. 17.

  Et qu'on ne s'imagine pas que
par ces termes, *travaillons à nôtre*
perfection; il ait voulu marquer
quelque interêt propre. L'idée
qu'il atache à ce terme est bien
plus élevée. Voicy comme il s'en
explique lui-même dans le traité
de l'amour de Dieu, qu'il vient de
doner au public.

  Comme nôtre perfection consiste à
aimer Dieu sur toutes choses, & tou-
tes choses selon le raport qu'elles ont
avec Dieu; c'est assurement aimer
Dieu, que d'aimer sa perfection, ou
du moins c'est s'aimer pour Dieu &
selon Dieu. * Donc, selon lui, tra-   * Page
vailler à nôtre perfection, c'est tra-   32.
vailler à aimer Dieu sur toutes
choses, & toutes choses selon le
raport qu'elles ont avec Dieu. Y
a-t-il rien de plus desinteressé ?

  Il admet donc l'amour desinteressé non seulement comme possible; mais même comme de pres-

E v

cepte. Si l'on hezitoit sur ce dernier : en voicy de nouvelles preuves. Il assure qu'il n'y a que l'amour dominant & habituel de l'ordre immuable qui justifie, & qui soit vertu. *La vertu*, dit-il, *ne consiste que dans l'amour dominant de l'ordre immuable.* * Et plus bas. *Une simple resolution quelque forte qu'elle soit, de suivre l'ordre en toutes choses ne justifie pas devant Dieu.... car il n'arive presque jamais qu'un acte seul forme la plus grande des habitudes* * Sr cela, voicy comme je raisonne.

* Traité de Moral. ch. 3.

* Là-même.

L'amour sans lequel on ne peut être ni juste ni vertueux est de precepte : or suivant ce que l'Auteur vient de dire, on ne peut être ni juste, ni vertueux sans l'amour de l'ordre ; & cet amour est tres-desinteressé, comme il paroit par tous les caracteres qu'il lui donne. La consequence est aisée à tirer.

Mais voicy un passage qui le

prouve d'une maniere encore plus forte & plus incontestable.

On ne peut, dit-il, *être juste devant Dieu, qu'on n'ait plus de disposition à aimer l'ordre que toute autre chose, & que soi-même: ou qu'on ne soit disposé à ne s'aimer que selon l'ordre.* *

Sur cela voicy comme l'on peut raisoner. **Moral. c. 4.*

1. Il est de precepte de ne s'aimer que selon l'ordre: puisque sans cela, on ne peut être juste.

2. Ne s'aimer que selon l'ordre, c'est ne s'aimer que pour Dieu. Car suivant l'Auteur, Dieu ne nous ayant faits que pour lui, ne nous donne de mouvement, que pour aler à lui. *Tout mouvemens d'amour*, dit-il, *qui ne tend point vers Dieu, est inutile & conduit au mal.* * **Moral. c. 17.*

3. Il est donc de precepte de ne s'aimer que pour Dieu. Or ne s'aimer que pour Dieu, c'est s'aimer sans retour sur soi-même,

c'est s'aimér d'un amour desinteressé : car c'est n'aimer que Dieu, à proprement parler.

Et par conséquent, suivant l'Auteur, l'amour desinteressé est de precepte.

§. 2.

De l'amour de l'ordre consideré dans ses dispositions.

Difference que l'Auteur met entre l'amour excité par la lumiere, & l'amour excité par le sentiment du plaisir. Que le premier est bien plus pur & plus parfait que le second.

I.

L'Auteur dans le 2. chapitre de sa Morale, compare ceux qui acquierent la vertu, ou l'amour de l'ordre, par la force de leur contemplation, à ceux qui l'acquierent par le secours de la delectation prevenante. Il convient que ceux-cy peuvent l'acquerir aussi bien que ceux-là : *parce que la grace de sentiment, ou la delectation prevenante peut supléer à la lumiere.* Mais il soûtient. 1. *Que toutes choses égales, les premiers sont le plus solidement vertueux.*

2. *Que l'amour de l'ordre qui a pour principe plus de lumiere que de plaisir, est plus solide, plus meritoire, plus estimable, qu'un autre amour qu'il lui supose égal.*

3. *Il ajoûte que dans le fond, le vrai bien de l'esprit (c'est-à-dire Dieu) devroit s'aimer par raison, & nullement par l'instinct du plaisir : mais que l'état ou le peché nous a reduits, rend la grace de la delectation necessaire, pour contrebalancer l'effort continuel de nôtre concupiscence.*

Sur cela voicy quelques reflexions.

II.

1. Peut-on mieux exciter à la pureté de l'amour de Dieu, & à se dégager de tout interêt de plaisir,

qu'en infinuant que même le simple secours de la delectation de la grace fait tort à la perfection de l'amour: & qu'en foûtenant *que l'amour de l'ordre qui a pour principe plus de lumiere que de plaifir, eft plus folide, plus meritoire, plus eftimable, &c?*

2. N'eft-ce pas abfolument decider le procez de l'amour defintereffé, que d'affurer que *Dieu devroit s'aimer par raifon; & nullement par l'inftinct du plaifir?*

3. Ne tirer la neceffité de cette grace de plaifir, que de l'effort de la concupifcence; ne feroit-ce point infinuer que lors que la concupifcence ne fait point actuellement d'effort, on pouroit aimer Dieu, fans le fecours du plaifir, & par le feul fecours de la lumiere ? c'eft du moins donner fujet de conclure que ni Adam, dans l'état d'innocence, ni JESUS-CHRIST n'ont eu nul befoin de ce fecours; & qu'ils

n'ont *aimé Dieu, que par raison, & nullement par l'instinct du plaisir.*

III.

Mais pourquoi faire des consequences de ces deux articles; puis que l'Auteur en fait ailleurs des thêses & des principes? car voicy la thêse qu'il entreprend de prouver dans l'éclaircissement sur le 5. chapitre de la recherche de la verité. *Adam n'étoit point porté à l'amour de Dieu & aux choses de son devoir par des plaisirs prevenans.* Et il le prouve principalement par ces raisons, que *le plaisir previent nôtre raison; qu'il nous détourne de la consulter: qu'il ne nous laisse point entierement à nous-mêmes & qu'il affoiblit nôtre liberté;* toutes choses qui ne convenoient point au premier état.

IV.

A l'égard de JESUS-CHRIST, voicy de qu'elle maniere l'Auteur s'en explique ailleurs * JE-

* 3. Disc. du Tr. de la grace, 1. part. art. 27.

sus-Christ *ne devoit pas aimer le vrai bien d'un amour aveugle, d'un amour d'instinct, d'un amour de sentiment; il devoit l'aimer par raison. Il ne devoit pas aimer un bien infiniment aimable, & qu'il connoissoit parfaitement digne de son amour, comme l'on aime les biens qui ne sont point aimables. Rien n'est plus net, ni plus précis.*

V.

Par tous ces endroits on peut voir, 1. quel tort l'Auteur croit que la grace de sentiment & de plaisir fait à la pureté & à la perfection de l'amour. 2. Le peu de cas qu'il fait de l'amour qui n'est excité que par le plaisir. Mais sur cela il y a encore quelque chose de plus fort dans l'endroit que je viens de citer: car il assure que *l'amour qui n'est purement que l'effet naturel de la délectation de la grace n'a rien de méritoire. Que l'amour qu'elle produit n'est point mé-*

ritoire s'il n'est plus grand qu'elle.* *Là-
Que le plaisir est la recompense du mème art. 24.
merite : mais qu'il n'en est pas le
principe. Qu'on merite toujours lors
qu'on aime le vrai bien par raison:
& que l'on ne merite nullement lors
qu'on ne l'aime que par instinct, &
voicy comme il le prouve.

On merite toujours lors qu'on aime le vrai bien par raison: parce
que la lumiere toute seule ne nous
détermine point invinciblement
vers le bien qu'elle nous découvre :
on ne merite nullement lors qu'on
n'aime le vrai bien que par instinct,
ou qu'autant que ce plaisir transporte : ou détermine invinciblement
l'esprit : parce que l'ordre veut que
le vrai bien, ou le bien de l'esprit
soit aimé par raison, soit aimé d'un
amour libre, d'un amour de choix
& de discernement; & que l'amour
que le plaisir seul produit, est un a-
mour aveugle, naturel & necessaire. J'avouë que lors qu'on va plus
loin que l'on n'est poussé par le plai-

sir; on merite : mais c'est qu'en cela, on agit par raison, & de la maniere que l'ordre veut que l'on agisse : car ce qu'il y a d'amour qui excede le plaisir, est un amour pur & raisonnable. *

* Là-même. art. 29.

Qu'elle foule de preuves en faveur de l'amour desinteressé, ne trouve-t-on pas dans ces paroles ? 1. Cet amour *n'est pur & raisonnable*, qu'à proportion qu'il est lumineux & degagé de l'interêt du plaisir. 2. *L'ordre veut que le vrai bien soit aimé par raison* : & l'on veut ne l'aimer que pour le plaisir, ou par le plaisir. 3. *L'ordre veut que le vrai bien soit aimé d'un amour libre, d'un amour de choix & de discernement.* N'est-ce donc point un desordre de ne l'aimer qu'en vûë du plaisir, ou pour le plaisir; vû que *l'amour que le plaisir seul produit*, est (selon l'Auteur) *un amour aveugle, naturel & necessaire* ? 4. Aprés même que le plaisir de la grace nous a touchés, *il faut* aler plus loin qu'on n'est poussé par ce plaisir, si l'on veut rendre son amour *pur, raisonnable & meritoire.* Où sont donc ceux qui veulent que l'on n'aime Dieu, qu'à proportion du plaisir que l'on goûte dans son amour? qu'ils paroissent: & l'Auteur leur dira que *lors qu'on n'aime Dieu qu'autant qu'on est atiré, ou que parce qu'on est atiré: on ne l'aime point sur la terre comme il veut & comme il doit être aimé.* * Peut-on rien dire de plus fort en faveur de l'amour desinteressé?

* *Là-même art.* 24.

VI.

J'avouë cependant que je serois ici fort embarassé à acommoder l'Auteur avec lui-même. Tout cela me paroît renverser absolument ce qu'il semble avoir voulu établir, dans son traité de l'amour de Dieu; *qu'on ne peut aimer Dieu, que par l'amour du plaisir; & qu'ôtant l'amour du plaisir, on ôte l'amour de Dieu.* * S'il

* *Page* 12. 13. *& 14.*

est vrai que Jesus-Christ & Adam ayent aimé Dieu, sans y être portés par la grace de plaisir; comment est-il vrai *qu'on ne puisse aimer Dieu que par l'amour du plaisir, &c?* Car la proposition de l'Auteur est generale pour toutes sortes d'états. Et si au contraire l'amour du plaisir est si essentiel à l'amour de Dieu, qu'en ôtant l'amour du plaisir, on ôte l'amour de Dieu; comment Jesus-Christ & Adam ont-ils pû aimer Dieu? comment le simple secours de la dëlectation prevenante fait-il tort à la perfection de l'amour de Dieu? & comment cette perfection demanderoit-elle qu'*on l'aimât par lumiere & par raison, & nullement par l'instinct du plaisir?*

§. 3.

De l'amour de l'ordre consideré dans ses divers raports, avec l'amour propre & l'amour de la beatitude.

I.

Rien ne peut mieux faire voir combien l'amour de l'ordre doit être desinteressé que les divers raports que cet Auteur établit entre cet amour, l'amour propre & l'amour de la beatitude qu'il apelle amour d'union; car il assure que l'amour propre s'ajuste parfaitement bien avec celui cy : au lieu qu'il ne peut s'allier avec celui-là ; *l'amour propre, dit-il, ennemi irreconciliable de l'amour dominant de l'ordre immuable, peut s'acommoder avec l'amour d'union.* *

* Moral. c. 3.

II.

Si l'amour propre est l'ennemi

irreconciliable de l'amour de l'ordre, ou de l'amour de Dieu ; & qu'il s'acomode si bien avec l'amour d'union, ou de la beatitude ; il est visible que le premier soin d'un cœur qui veut aimer Dieu, doit être de bannir toute recherche d'amour propre, toute vûë de propre interêt ; & de regler sur l'ordre immuable de la justice, tous ses mouvemens, tous ses desirs : je dis même ses desirs pour le plaisir, pour la perfection & pour le bonheur. C'est aussi ce que l'Auteur enseigne bien nettement, dans son traité de l'amour de Dieu. *Si nous sommes raisonnables*, dit il, *nous ne desirons d'être touchés de ce saint plaisir, nous ne voulons joüir de la beatitude, qu'autant que l'ordre de la justice le demande.* * Et dans un autre endroit du même traité. *Celui qui veut être hureux plus qu'il ne merite de l'être par ses bonnes œuvres sanctifiées en* JESUS-CHRIST,

* Page 40.

n'aime point Dieu veritablement tel qu'il est, &c. * Pourquoi cela ? c'est (suivant la pensée de l'Auteur) que Dieu est ordre : & que celui qui veut être ainsi hureux, n'aime point l'ordre. *Les Saints dans le ciel* (continuë l'Auteur) *qui voyent & qui aiment Dieu tel qu'il est, ne veulent pour eux que le degré de bonheur qui est écrit dans la loi divine.* *

*Page 28.

*Page 29.

III.

Peut-on desirer un amour de la beatitude plus degagé de tout amour propre; plus desinteressé ? & n'est-il pas visible qu'un tel amour n'est qu'un vrai amour de Dieu & de l'ordre ? Voicy cependant encore quelque chose de plus marqué *Les Saints*, dit-il, *s'aiment pour Dieu, & se raportent tout à lui, leur beatitude même : puisqu'il ne pretendent joüir de lui, qu'autant qu'il le voudra.... d'une volonté toujours reglée sur l'ordre immuable de la justice.* Ils ne veulent être hureux que pour la gloire de Dieu. *

*Trait. de l'amour de Dieu, pag. 30. & 31.

Voilà, selon l'Auteur, quel est l'amour dont s'aiment les justes, & les Saints : *ils s'aiment pour Dieu, & se raportent tout à lui.* Voicy quel est leur amour pour la beatitude : *ils la raportent tout à Dieu; ils ne veulent être hûreux que pour la gloire de Dieu.* Qu'on aime la beatitude tant que l'on voudra : pourvû qu'on ne l'aime que de cette maniere ; le desinteressement de l'amour n'en soufrira point. Rien n'est plus pur. N'aimer la beatitude que pour Dieu, c'est n'aimer que Dieu ; suivant les principes de saint Augustin & de saint Bernard, déja tant de fois cités. *

* Quid quid aliud amare videalis, id plane amas quo amoris finis pertendit : non per quod tendit.

IV.

Mais rien n'est plus considerable que la diference que l'Auteur met, par raport à la justification, entre l'amour de l'ordre & l'amour de la beatitude, lors qu'on ne ne la raporte pas ainsi tout à Dieu. Voicy ce qu'il en dit dans son traité de l'amour de Dieu; *l'amour de Dieu uniquement comme puissant, ou bienfaisant, en prenant ce mot selon les idées vulgaires, ne justifie pas. C'est l'amour d'un Dieu humainement debonnaire, & non de Dieu tel qu'il est. Il n'y a que celui qui aime Dieu tel qu'il est, qui soit juste.* * Or aimer Dieu tel qu'il est, c'est l'aimer comme ordre; c'est l'aimer selon ce qu'il est en lui-même : il n'y a donc que celui qui aime Dieu selon ce qu'il est en lui-même qui soit juste.

* Page 43.

Voicy encore quelque chose de plus precis & de plus fort. *Celui qui brûleroit d'ardeur de joüir de la presence de Dieu pour contempler ses perfections, & avoir part à la felicité des Saints, seroit toujours digne de l'enfer, s'il avoit le cœur dereglé, & refusoit de sacrifier à l'ordre sa passion dominante; & au contraire celui qui seroit indifferent, si*

F

cela se pouvoit ainsi, pour le bonheur éternel: mais d'ailleurs rempli de charité, ou de l'amour de l'ordre qui renferme la charité, ou l'amour de Dieu sur toutes choses : seroit juste & solidement vertueux. *

* Moral c. 3.

Et ainsi suivant cela, tant s'en faut que l'amour de la presence de Dieu & de la joüissance du bonheur éternel soit l'amour justifiant: qu'il paroît qu'on pouroit brûler de cet amour, sans être juste, & ayant le cœur dereglé. Ce n'est donc pas assez, selon l'Auteur, de dire comme quelques-uns, je ne veux que Dieu pour mon bonheur : je ne cherche de recompense ni de bonheur qu'en Dieu. Tout cela peut être sans charité, sans vrai amour de Dieu.

V.

Enfin l'Auteur est si éloigné de croire que l'amour d'esperance justifie, qu'il ne lui donne même nul avantage audessus de la crainte de l'enfer, pour nous conduire

ECLAIRCISSEMENS. 123
à la juſtification. *Je ſay bien*, dit-il, *que pluſieurs perſonnes condamnent la crainte de l'enfer. Comme un motif d'amour propre qui ne peut produire rien de bon.... & aprouvent au contraire l'eſperance de la recompenſe éternelle, comme un motif ſaint & raiſonnable, & dont les plus gens de bien s'animent à la vertu, ſelon ces paroles de David, toujours ſi rempli d'ardeur & de charité:* Inclinavi cor meum ad faciendas juſtificationes tuas in æternum propter retributionem..... *Cependant la crainte de l'enfer, ou l'eſperance du paradis ſont deux motifs égaux auſſi bons l'un que l'autre, ſi ce n'eſt que celui de la crainte a cet avantage ſur l'autre, que c'eſt le plus vif, le plus fort, le plus efficace.* * Moral. c. 8.

F ij

§. 4.

De l'amour de l'ordre ou de bienveillance consideré dans sa diference d'avec l'amour d'union, ou de la beatitude.

I.

Rien n'est encore plus favorable à l'amour desinteressé, que ce que l'Auteur dit de l'amour de bienveillance, qui sans doute est l'amour de l'ordre; & que la diference qu'il met entre cet amour & l'amour qu'il apelle d'*union* & qui est l'amour de la beatitude. Voicy comme il s'en explique. *

* Moral.c. 8.

Un brutal aime l'objet de sa passion d'un amour d'union : parce que regardant cet objet comme la cause de son bonheur; il souhaite d'y être uni, afin que cet objet agisse en lui & le rende hureux.

Y a-t-il rien de plus grossierement interessé que cette idée d'amour?

ÉCLAIRCISSEMENS. 125

On aime, continuë l'Auteur, *les gens de merite d'un amour de bienveillance: car on les aime dans le tems même qu'il ne sont point en état de nous faire du bien; on les aime parce qu'ils ont plus de perfection & de vertu, que les autres.*

Y a-t-il rien de plus pur & de plus visiblement desinteressé ? Voyons la suite.

Ainsi la puissance de nous faire du bien ou cette espêce de perfection qui a raport à nôtre bonheur excite en nous l'amour d'union; & les autres perfections (c'est-à-dire celles qui n'ont point de raport à nôtre bonheur) *l'amour de bienveillance.*

I I.

Voilà deux amours parfaitement bien caracterisés. On ne peut établir plus juste la diference de l'amour interessé à l'amour desinteressé. On ne peut mieux marquer que l'amour de bienveillance est parfaitement degagé de tout interêt propre. Il ne faudtoit plus, aprés cela, que nous dire qu'on doit, ou du moins, qu'on peut aimer Dieu de cet espêce d'amour ; & c'est ce que l'Auteur dit bien clairement.

Il n'en est pas de même, dit-il, *de l'amour de bienveillance comme de l'amour d'union: Dieu est infiniment plus aimable de cette espêce d'amour, que toutes ses creatures ensemble.* *

> * Là-même.

III.

On voit donc bien que l'Auteur juge ce dernier amour non-seulement possible ; mais sans comparaison plus parfait & preferable à l'amour d'union, dans la voye de la pieté.

§. 5.

De l'amour de l'ordre consideré dans les sacrifices qu'il exige.

I.

ON ne peut gueres pousser plus loin les sacrifices, que l'Auteur le fait en faveur de l'amour de l'ordre. Il faut qu'on lui sacrifie sans cesse toutes choses: mais sur tout son amour propre. *On doit*, dit-il, *travailler jusques à la mort à détruire l'amour propre qui se renouvelle sans cesse & à fortifier l'amour de l'ordre qui s'afoiblit.* * * Moral. c. 3.

Il ne sufit pas, dit-il encore, *d'aimer l'ordre, lors qu'il s'acommode avec nôtre amour propre: il faut lui sacrifier toutes choses, nôtre bonheur actuel; & s'il le demandoit ainsi, nôtre être propre.* * * Là-même.

Si l'on est obligé de sacrifier, sans cesse, son amour propre à l'amour de l'ordre; ce n'est donc pas par amour propre qu'on aime l'ordre: cet amour de l'ordre est donc degagé de ce mauvais amour: autrement ce seroit sacrifier l'amour propre à l'amour propre: l'amour de l'ordre est donc desinteressé.

II.

Que mes preuves en faveur de l'amour desinteressé sont foibles, en comparaison de celles de l'Auteur ? je n'ay prouvé la possibilité de cet amour, que par le pouvoir qu'à l'esprit de considerer & d'aimer Dieu par ses perfections absoluës, sans songer aux perfections relatives; & par consequent sans songer à son interêt propre, ni à son bonheur; & voicy que l'Auteur veut qu'on combatte même de front cet amour interessé : puis qu'il veut qu'on aime Dieu jusqu'à être prêt à lui sacrifier même son bonheur & son être propre: y a-t-il rien de plus desinteressé ? Dire qu'*il faut sacrifier, &c.* n'est-ce pas croire cet amour, & cet extrême degré d'amour du moins possible ? que deviendront donc tous les mouvemens que l'Auteur vient de se doner pour en faire voir l'impossibilité ? n'est-il pas visible qu'ils ne sont point de son premier esprit?

III.

On peut ajoûter qu'ils ne sont pas même de sa disposition pre-

ECLAIRCISSEMENS. 129
fente; & que son cœur dement son esprit, même dans son dernier écrit: * puis qu'il n'a pû s'empêcher d'y repeter *qu'un homme juste doit & peut accepter son aneantissement, suposé que Dieu le voulût.... que les justes devroient accepter leur aneantissement: parce qu'ils seroient injustes de ne pas conformer leur volonté à celle du vrai Dieu.* Que l'Auteur me permette donc d'en apeler de son esprit à son cœur: ou du moins de m'atacher à son cœur preferablement à son esprit.

* *De l'amour de Dieu.*

* *Page 47.*

LV.

Mais cependant il se jette, par ces paroles dans un grand embatas: car *si les justes peuvent & doivent accepter leur aneantissement;* ils peuvent donc renoncer à leur bonheur éternel: car qui renonce à l'être, renonce, pour toujours, au *bien être*, ou aux manieres d'être dans lesquelles seules consiste le bonheur formel.

E v

Comment donc l'Auteur a-t-il avancé dans ce même écrit, *que l'amour de Dieu, même le plus pur, est interessé en ce sens, qu'il est excité par l'impression naturelle que nous avons pour la félicité de nôtre être?* * Est-ce que cet amour de Dieu qui lui sacrifie l'être, est excité par l'amour du bonheur de cet être?

* Page 42.

Oui, dira l'Auteur; cet amour est excité par la volonté: or la volonté n'est que l'amour du bonheur.

Je conviens que cet amour est produit par la volonté: mais je nie que la volonté ne soit que l'amour du bonheur: ou que l'amour du bonheur ne soit que le mouvement naturel qu'on apelle *volonté*; ainsi que l'Auteur l'assure en quelques endroits. Ce seul exemple devroit sufire pour le faire revenir de cette pensée: car puis que sacrifier son être par l'aneantissement, seroit renoncer à goûter jamais aucun bonheur ; il est visible que ce ne seroit pas par l'amour du bonheur qu'on feroit ce sacrifice : ce seroit pourtant par la volonté : la volonté ne doit donc pas être definie *l'amour du bonheur.*

V.

D'ailleurs comment l'Auteur porte-t-il si loin la force de nôtre penchant pour le bonheur ? comment fait-il tant d'efforts pour prouver qu'on ne peut y renoncer ? n'est-ce pas bien y renoncer, que d'accepter l'aneantissement de son être ? qui est-ce qui sera hureux lors qu'il n'y aura plus d'être ? qui sera hureux quand il ne sera plus ?

VI.

Mais aussi comment veut-il que *les justes puissent accepter leur aneantissement;* si la passion qu'ils ont pour le bonheur est invincible ? n'est-il pas visible que cette acceptation est un vrai renoncement à son bonheur ? Si donc la passion pour le bonheur, est si invincible, qu'on ne puisse y renoncer, il est visible que les justes ne *pouroient accepter leur aneantissement. Ils le pouroient*, dit-il, *parce qu'il n'y a que le desir d'être hureux, ou de n'être pas malhureux qui soit invincible.* *

<small>ª Là-même pag. 47.</small>

Avec sa permission, c'est precisément tout le contraire ; car c'est par ce que leur desir d'être hureux est invincible, qu'il ne peuvent renoncer à leur bonheur par l'acceptation de l'aneantissement : puisque cette acceptation seroit un renversement complet, une ruine parfaite de ce desir.

VII.

L'Auteur a bien senti l'embaras où cela le jettoit. Mais il a crû y remedier suffisamment par cette alternative. De deux espêces de raisons : *il n'y a*, dit-il, *que le desir d'être hureux, ou de n'être pas malhureux qui soit invincible.*

Eſt-ce donc *qu'être hureux*, ou n'être pas malhureux, en ceſſant d'être, ſont deux partis ſi également bons, que le choix en ſoit indifferent, & qu'on doive être auſſi content de l'un que de l'autre ? Eſt-ce que l'aneantiſſement n'enferme nulle eſpêce de malheur ? à une ame qui a quelque lumiere ; l'idée de ſon aneantiſſement n'eſt-elle pas afreuſe ? & ne devient-elle pas inſuportable à quiconque ſe ſent touché, je ne dis pas d'un deſir invincible, mais du moins de quelque paſſion pour le bonheur ?

VIII.

Etrange paſſion d'être hureux, que celle qui ſe borne à n'être pas malhureux, en ceſſant d'être ? c'eſt là cependant où ſe reduit enfin ce deſir invincible pour le bonheur, cette ardeur inſurmontable pour le plaiſir, cet amour violent pour la felicité que l'Auteur a tant pris de ſoin de faire valoir :

auquel il a tant soûtenu qu'on ne peut renoncer; & sur lequel il a bâti son sistême de l'impossibilité de l'amour desinteressé. Qu'il me pardonne si je me défens d'y entrer, dans ce sistême : ce n'est que pour m'en tenir à ses premieres pensées. C'est pour empêcher qu'il ne s'éloigne de moi, & qu'aprés m'avoir atiré ailleurs par la force de ses raisons & de ses lumieres; il ne me laisse là.

Je me suis trop étendu sur cette premiere proposition, il faudra estre plus court sur les deux autres.

Section II.
II. PROPOSITION.

Que le desinteressement de l'amour demande que l'on n'use du plaisir d'aimer, que comme d'un soûtien de l'amour, & nullement comme d'un motif, ou d'un sujet de propre complaisance; & qu'ainsi loin de n'aimer Dieu que pour son plaisir, on ne doit vouloir le plaisir même surnaturel que pour s'unir à Dieu?

I.

J'Espere que je ne me trouveray pas plus éloigné de l'Auteur, sur cette proposition, que sur la precedente. Voicy de qu'elle maniere il s'explique sur cela, dans sa morale : c'est en traitant de la contemplation de l'ordre.

Rien n'est plus sûr que la lumière: On ne peut trop s'arêter aux idées claires; & quoique l'on puisse se laisser animer par le sentiment; il ne faut jamais s'y laisser conduire. Il faut contempler l'ordre en lui-même; & souffrir seulement que le sentiment soûtienne nôtre atention, par le mouvement qu'il excite en nous. *

_{* Chap. 5.}

Voilà bien nettement le vrai usage qu'on doit faire de la grace de sentiment & de plaisir, lors qu'on tend au desinteressement de l'amour: usage fort diferent de celui par lequel on en feroit son motif, ou l'objet de sa complaisance.

II.

Aussi l'Auteur pretend plus que personne que cette grace de plaisir ne nous porte, par elle-même, qu'à nous unir à Dieu; & nullement à revenir en nous-même, par des retours interessés, ou de propre complaisance.

Voicy comme il s'en explique dans son nouveau traité de l'amour de Dieu.

Si le plaisir confus (des creatures) tranforme l'ame dans l'objet aimé; que ne fait point, dans les Saints, le plaisir éclairé ? peut-on concevoir une transformation plus parfaite, un amour plus pur, ou avec moins de retour sur soy, que celuy des Saints..... La grace de JESUS-CHRIST *est un saint plaisir..... est-ce qu'il faut lui resister; & ne pas suivre les mouvemens qu'elle nous inspire ?* *

* *Page 21. & 22.*

III.

Que cet auteur est éloigné des bas sentimens d'Abadie sur ce sujet ? ce dernier pretend qu'on *ne peut sentir la joye de l'amour & de la possession de Dieu, sans s'aimer soi-même, à proportion du sentiment qu'on en à :* *

* *Art de se connoi. ch. 6. de la 2. part.*

Et l'Auteur au contraire soûtient que *plus le plaisir est grand: moins l'amour qu'il produit est inte-*

resse : ou moins il y a de retour sur soy : plus on s'aneantit, on se perd, on se transforme dans l'objet aimé, on prend ses interests, on entre dans ses inclinations. * Plus nos plaisirs, dit-il, seront grands ; plus aussi nôtre union avec Dieu, sera étroite, plus nôtre transformation, pour ainsi parler, sera parfaite, plus l'ame s'oubliera elle méme, plus elle s'aneantira, plus Dieu sera tout en elle. *

*Traité de l'amour de Dieu pag. 21.

* Ibid. p. 20.

IV.

Il est aisé de voir qu'un tel plaisir, ou un plaisir ainsi pris n'est nullement contraire au desinteressement de l'amour : & cependant cet Auteur pousse, en quelques endroits de son traité, ce desinteressement si loin ; qu'il craint même qu'on ne souhaite trop ce saint plaisir ; & qu'il donne des bornes au desir même de la beatitude. *Plus le plaisir est grand, dit-il, plus la perception de la substance divine est vive & agreable, plus aussi l'ame s'unit à Dieu; plus elle est, pour ainsi dire forcée à l'aimer.* Cela est d'une grande pureté; & cependant il ajoûte: *si nous sommes raisonnables, nous ne desirons d'être touchés de ce saint plaisir; nous ne voulons joüir de la beatitude qu'autant que l'ordre de la justice le demande.* *

* Page 40.

V.

De ce seul endroit il paroît que l'Auteur pretend, 1. que le plaisir de la grace ne nous porte par lui-même, qu'à Dieu. 2. Que dans le desir même de ces Saints plaisirs, il peut y avoir de l'excés. 3. Que quelque invincible que l'Auteur ait fait le desir de la beatitude; il pretend qu'on en est assez le maître, pour ne vouloir être hureux, *qu'autant que l'ordre de la justice le demande.* Bien diferent encore en cela, d'Abadie qui veut qu'on ne mette nulles bornes au desir d'être hureux, non plus qu'à l'amour de soi-même sur lequel il fonde ce desir, *Comme il y a, dit-il, une infinie variété & une infinité de degrés diferens dans la joye que nous pouvons goûter; il n'y a point de mesure dans le desir du bonheur dans lequel cette joye entre essentiellement: ni par consequent dans l'amour de nous mêmes, qui est le principe de ce desir.* *

* *L'ar. de se con. 2. part. 6. 6.*

Section III.
III. PROPOSITION.

Que quelque penchant qu'on ait naturellement pour le bonheur, on peut lui resister par son amour libre, éclairé & raisonable, & se porter ailleurs qu'où il nous porte.

I.

Tout ce qu'on a vû dans les sections precedentes, que l'Auteur a dit des sacrifices qu'on doit faire à l'amour de l'ordre, prouve clairement qu'il n'eſt pas moins que moi, perſuadé de cette propoſition. Mais en voicy encore quelques preuves bien claires & bien deciſives.

L'amour libre, dit-il, *ne ſe conforme pas toujours à l'amour naturel; cet amour ne depend pas uniquement du plaiſir, il depend de la raiſon, de la liberté, de la force qu'à l'ame de reſiſter au mouvement qui la preſſe; c'eſt le conſentement de la volonté qui fait la diference eſſentielle de cette eſpéce d'amour.**

Il eſt donc viſible que, ſelon l'Auteur, cet amour naturel du bonheur n'eſt pas ſi invincible, qu'on ne puiſſe reſiſter à ſon mouvement, par ſon amour libre. Cet amour n'eſt point eſclave du plaiſir: il ſe regle particulierement ſur la raiſon; & peut en la ſuivant, ſe diſpenſer de ſuivre le mouvement naturel, & le penchant pour le plaiſir.

* *Traité de Moral. ch. 3. n. 18.*

II.

L'Auteur ne parle en cent endroits, que de sacrifier ses plaisirs à l'ordre: mais il y en a un si beau & si édifiant dans son traité de la nature & de la grace; qu'il me permettra bien de le raporter. Le voicy.

„ C'est le plaisir qui rend les es‑
„ prits actuellement hureux : &
„ ainsi on devroit joüir du plaisir,
„ lors qu'on aime le vrai bien. Un
„ esprit pense à Dieu : il s'aproche
„ de lui par son amour ; & il ne goû‑
„ ne aucune douceur : au contraire
„ Dieu le remplit quelquefois d'a‑
„ mertume & de secheresse : il l'a‑
„ bandonne, il le repousse, pour
„ ainsi dire ; non pas afin qu'il cesse
„ de l'aimer : mais plutôt afin que
„ son amour soit plus humble, &
„ plus pur & plus meritoire : enfin
„ il lui ordonne certaines choses
„ qui le rendent actuellement mal‑
„ hureux. Mais s'il s'aproche des
„ corps ; il trouve qu'il devient hu‑

ECLAIRCISSEMENS.

reux, à proportion qu'il s'unit à « eux. Certainement cela est em- « barassant, quelque lumiere qu'on « ait : car on veut invinciblement « être hureux ; ainsi l'on merite « beaucoup, si s'arêtant à la lumie- « re, on renonce à soi-même, non- « obstant les secheresses qui nous « desolent : si l'on sacrifie son bon- » heur actuel à l'amour du vrai bien; « si vivans de la foi & s'apuyant sur « les promesses de Dieu, on demeu- « re inviolablement ataché à son « devoir. *
«
III.   * 3. dif-
Ce seul passage fournit plu- cours
sieurs sujets de reflexions favora- art. 33.
bles à l'amour desinteressé.

1. Il supose qu'on peut aimer sans douceur : *il s'aproche*, dit-il, *de Dieu par son amour, & il ne goûte aucune douceur.* C'est déja lever la plus grande difficulté que l'on propose contre la possibilité de l'amour desinteressé.

2. Il supose de plus qu'on peut

aimer Dieu & être actuellement malhureux; *Dieu, dit-il, le remplit d'amertume & de sécheresses & lui ordonne certaines choses qui le rendent actuellement malhureux.* Certainement cela est violent. J'avois bien conçu qu'on pouvoit résister au désir d'être hureux, & qu'on pouvoit aimer avec un tres-petit plaisir. Mais qu'on pût aimer étant plongé dans l'amertume, dans la sécheresse & dans un vrai malheur actuel; & qu'on pût aimer jusqu'à accepter ce malheur; & se renoncer soi-même jusqu'à faire ce terrible sacrifice, sans être soûtenu par aucune douceur, ainsi que l'Auteur le pretend; c'est, je l'avouë, ce que je n'avois pas imaginé: & si un tel amour est possible: il faut convenir qu'il est bien pur. 3. Aussi l'Auteur assure que c'est à dessein d'épurer un cœur, que Dieu le fait passer par ces épreuves: *afin que son amour soit plus humble, plus pur*

ECLAIRCISSEMENS. 145
pur & plus meritoire. 4. A ce compte l'amour crucifié, l'amour desseché, l'amour desolé est donc plus pur, plus humble & plus meritoire, que l'amour content & joüissant : il est donc plus parfait, &c.

5. Enfin on peut donc, malgré le penchant invincible pour le bonheur, *s'arêter à sa lumiere &* la suivre non seulement *sans aucune douceur ;* mais aussi *nonobstant les secheresses qui nous desolent.*

Peut-on rien dire de plus fort, pour la decision du procés de l'amour desinteressé ?

Conclusion.

En voilà ce me semble assez pour faire voir le raport de ce que je pense de cet amour, avec ce que l'Auteur en pense.

1. Il pretend, du moins dans son traité de l'amour de Dieu, qu'on ne peut aimer, sans quelque sorte de plaisir, & je le pretends du moins autant que lui, on n'a

G

qu'à voir ce que j'en ay écrit au commencement de ce volume. *

* 3. ch. de la 3. Section de la 4. partie de la connoissance de soi même.

2. Il pretend qu'on ne doit faire de ce plaisir que *le soûtien* de son amour pour Dieu ; & non pas *sa fin*. Et personne ne le veut plus que moi.

3. Il dit que *les Saints n'aiment point Dieu à cause du plaisir qu'ils en reçoivent*. Et c'est precisément mon sistême.

Toute la diference qu'il y a donc de ce que l'Auteur pense sur cela, à ce que j'en pense, ne roule que sur le plus ou le moins, & sur l'équivoque de quelques termes : car il dit que le plaisir est l'unique motif des justes : & moi je nie que le plaisir qu'ils sentent à aimer soit le motif de l'amour desinteressé : mais il est visible que ce n'est là dans le fonds, qu'une diference de termes. Il apelle du nom *de motif*, les moyens, les secours, en un mot, tout ce qui contribuë à l'action d'aimer, & même jufques à la faculté d'aimer : c'eft-à dire *la volonté.* Et moy je n'apelle *motif* que ce qui atire la volonté, du cofté de l'objet, ou de la fin : & que ce qu'on répond à cette queftion : *pourquoi, à caufe de quoi aimez vous ?* c'eft en ce fens que je nie que le plaifir foit le motif de l'amour defintereffé. Mais aprés tout, nous convenons, dans le fond, l'Auteur & moi : puis qu'il affure que *les Saints n'aiment point Dieu à caufe du plaifir qu'ils en reçoivent.*

Qu'on juge donc, aprés cela, fi ce que je penfe fur l'amour defintereffé, eft fi diferent de ce qu'en penfe l'Auteur ; qu'il ait dû fe doner de fi grands mouvemens pour s'en éloigner : & s'il ne devoit pas plûtôt plaindre ma foibleffe à foûtenir cet amour, & m'exciter à porter plus haut fes interêts, à fon exemple ?

Qu'on juge enfin fi ne diferant d'avec l'Auteur, fur ce fujet, que du plus au moins; & lui étant conforme sur le fond de la question; je pouvois soufrir tranquillement qu'il s'éloignât de moi, sans faire quelques efforts pour le rejoindre?

Je ne pense pas que ces efforts ayent le malheur de lui deplaire; sur tout s'il fait reflexion à la part que l'amitié y a euë: car (je l'avouë franchement) quelque desinteressée que soit mon amitié; cela ne peut aler jusqu'à consentir d'être separé de son objet, soit que ce soit Dieu, ou la creature. Ce n'est donc que par ce que je n'ay pû consentir à être separé de l'Auteur, dans un sujet de cette importance; que je me suis remué. Y eut-il jamais mouvement plus pardonable?

F I N.

Fautes à corriger.

Page 58. à la marge, psal. *lisez* ipsam. P. 61. à la marge, xix. *lis.* xia. P. 93. lig. 19. de, *lis.* dans le. P. 94. lig. 17. conversation, *lis.* conservation.

TABLE
DES TITRES

DES Eclaircissemens sur la liberté qu'on a prise dans le dernier Chapitre du troisiéme Tome de la conoissance de soi-même, de citer l'Auteur des Conversations Chrétiennes. page 1.

I. Eclaircissement, sur les reproches de l'Auteur. p. 6.

Section I. I. Reproche. *Que je l'ay malhureusement engagé à s'expliquer sur le Quietisme.* p. 7.

Section II. II. Reproche. *Que je n'ay pas bien pris les sentimens de l'Auteur.* p. 14.

Section III. III. Reproche. *Que j'ay voulu lui atribuer un sentiment qu'il n'a pas.* p. 15.

Section IV. IV. Reproche. *Que*

ã ij

TABLE.

§. 4. *De l'amour de l'ordre, ou de bienveuillance consideré dans sa diference d'avec l'amour d'union, ou de la beatitude.* p. 124.

§. 5. *De l'amour de l'ordre consideré dans les sacrifices qu'il exige.* p. 126.

Section II. II. Proposition. *Que le desinteressement de l'amour demande que l'on n'use du plaisir d'aimer, que comme d'un soûtien de l'amour, & nullement comme d'un motif, ou d'un sujet de propre complaisance ; & qu'ainsi loin de n'aimer Dieu que pour son plaisir, on ne doit vouloir le plaisir même surnaturel que pour s'unir à Dieu.* p. 135.

Section III. III. Proposition. *Que quelque penchant qu'on ait naturellement pour le bonheur, on peut luy resister par son amour libre, éclairé, & raisonable, & se porter ailleurs, qu'où il nous porte.* p. 140.

Fin de la Table.

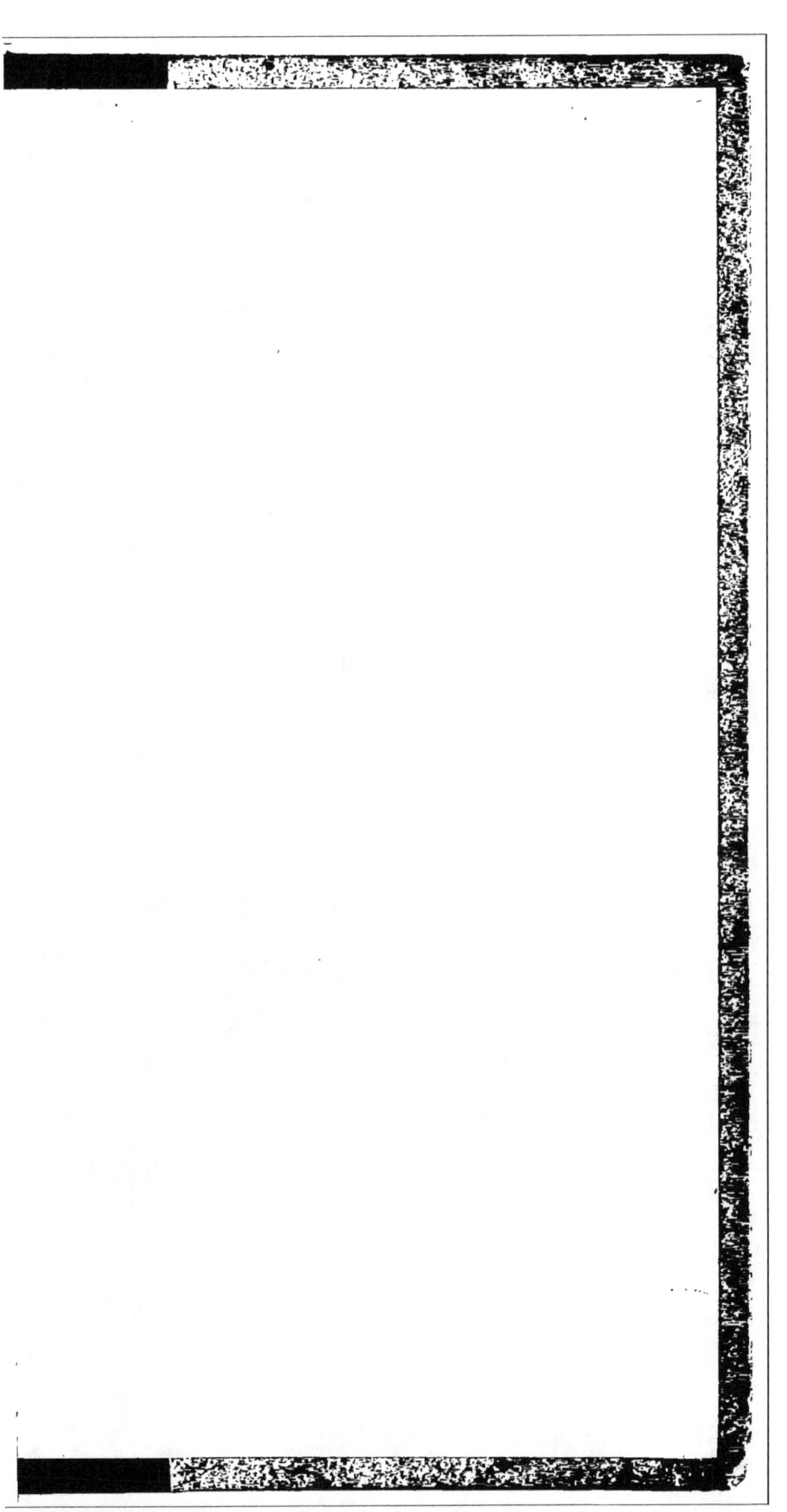

www.ingramcontent.com/pod-product-compliance
Lightning Source LLC
Chambersburg PA
CBHW070456170426
43201CB00010B/1362